泛读中世纪
READING
THE MEDIEVAL AGE

The Crusades

十字军运动

[英] 海伦 · 尼科尔森（Helen Nicholson）/ 著
赵 凯 / 译

上海社会科学院出版社
SHANGHAI ACADEMY OF SOCIAL SCIENCES PRESS

前　言

本书关乎战争。具体而言，它讲述的是中世纪大公教会基督徒（或称拉丁基督徒）发起的一系列军事运动，对抗的是那些他们相信会威胁到他们的基督信仰存续的人。在这些军事运动中，有些对抗的是穆斯林，有些对抗的是其他基督徒，还有些则把目标指向了异教徒。为捍卫宗教信仰而战，这个概念并不新鲜；自从拥有了"国教"，人类就开始宣称他们发动的战争都是神的旨意。然而，十字军运动的独特性在于，它们是拉丁基督徒的发明，有自己的象征和传统，它们不是某一场单一的战争，而是延续了很长时间的许多战争的统称。

其他宗教也有他们自己的"圣战"：例如，伊斯兰教有"吉哈德"（*jihād*）的概念。"吉哈德"的意思是以真神的名义与邪恶的精神力量或伊斯兰教的肉体敌人进行斗争。其中，个体与内心深处的邪恶力量的斗争比采取军事形式与伊斯兰教的敌人斗争要更重要。在第一次十字军东征期间，穆斯林与十字军在中东的争斗并未被视作"吉哈德"。虽然一些讲道人确实宣称，对抗十字军的战斗应该属于"吉哈德"，但直到摩苏尔的赞吉（Zengi of Mosul，卒于 1146 年）统治时期，穆斯林作家才开始系统地将这场战争描述为"吉哈德"，而不再仅仅把它当成简单的争夺土地的冲突。赞吉之子努尔丁（Nūr al-Dīn，卒于 1174 年）将自己与十字军在中东的斗争描述为"吉哈德"。借此，他用“吉哈德”这个概念作为宣传口号，将臣民们团结起来支持他，让他成为合法的统治者和君主。

然而，纵观整个中世纪，除了在中东与十字军作战外，穆斯林统治者们在各自的边疆还有更危险、更重要的敌人。在本书开篇所陈述的那个时期，信奉基督教的西欧并不是世界上的强大势力，相反，它是一个相对野蛮的闭塞之地，很大程度上与世界贸易和文化缺乏联系。十字军东征前夕，也就是 1050 年，世界上最强大的势力是位于远东的中华帝国。还有东欧和小亚细亚地区的基督教拜占庭帝国，以及东北非的伊斯兰法蒂玛帝国，它们虽然已经开始衰落，但依然保有强大的军事实力。在中东，正在崛起的是塞尔柱突厥人(Seljuk Turks)，他们于 1055 年在巴格达征服了伊斯兰阿拔斯王朝的哈里发，并向西扩张到了小亚细亚。伊斯兰文化向所有遭遇到和征服了的文明吸收文化和知识，其中包括古希腊、波斯和印度的哲学与科学。在伊斯兰学者手中，医学、天文学和数学都得到了发展。相比之下，基督教的西欧则是欠发达的落后地区。

对于与十字军作战的穆斯林统治者而言，他们与十字军的战争往往不如与其他更强大势力的斗争来得重要。例如，萨拉丁从 1174—1186 年一直在对叙利亚北部和如今的土耳其东部、伊拉克北部等地区用兵。他的确曾短暂地入侵过“十字军王国”，但在此期间的大部分时间里，他的注意力都在别的地方。甚至在第三次十字军东征期间，萨拉丁的一部分军队依然在北方与穆斯林交战，而他的侄儿塔其·丁·乌马尔(Taqīal-Dīn ‘Umar)就殒命于此地。到了 13 世纪，伊斯兰人面临的最大威胁不是十字军，而是蒙古游牧民族的武士。蒙古人的大军横扫中亚和东欧，并于 1258 年占领了巴格达，处死了伊斯兰教逊尼派的宗教领袖哈里发。在中世纪后期，他们的敌人还有奥斯曼土耳其人，后者在入侵东欧的同时，也在攻击东部和南部的伊斯兰邻国。因此，在中世纪的穆斯林作家笔下，十字军东征并不如伊斯兰统治者卷入的其他战争那么重要也就不足为奇了。

但是，对西欧的拉丁基督徒而言，十字军非常重要。十字军是拉丁基督教战士眼中最光荣的战争形式。参与其中的人来自方方面面，覆盖了整个拉丁基督教社会的各个阶层；它以许多不同的形式来对抗许多不同的敌人；而且，通过征税和兜售“十字军大赦（赎罪券）”（crusade indulgence）的方式，它影响了整个社会。所以西欧的作家要比同一时期的穆斯林作家更看重十字军运动。它更像是一场拉丁基督教运动，可以说，这场运动对发起它的那个社会的影响，要远远大于它敌对的那个社会。因此，本书主要关注的是拉丁基督教世界对十字军运动的看法，而较少采取他们对手的视角。

在整个十字军运动期间，交战双方的战士都认为己方是正确的——用现代的话来说，自己是“好人”。双方的战士都认为自己是善良、道德和正直的人；他们怀着美好的愿望在战斗，目的是让世界更美好；上帝（真神）站在自己这一边。而我们现代人事后回顾这些战争时，又往往会依据我们自己的价值观和我们对现代事件的看法来进行判断。但是，历史学家的工作是收集证据，并加以客观地评估，试图理解过去的人们为什么做那种事，而不是妄加判断。如果我们将自己的观点强加在历史之上，我们将永远不可能理解它。在本书的最后一章，我们要来考察十字军运动的遗产，并看一看某些现代评论家是如何对它进行解释，从而让这段历史适应他们的政治议程的。

致 谢

我想感谢简·钱斯(Janc Chancc)、凯文·奥伊(Kcvin Ohc),以及格林伍德出版社(Greenwood Press)的诸位审读和编辑人员,感谢他们为本书顺利完成所提供的帮助。在撰写本书的过程中,要感谢那些在十字军运动史领域耕耘的同事与朋友们,他们的研究和诠释影响了我对这一主题的研究方法。我将其中的许多作品列在文中的注释和书后的参考文献中。

我非常感谢丹尼斯·普林格(Denys Pringle)教授和琼·弗格特·桑斯(Joan Fuguet Sans)教授,他们许可我引用他们拍摄的马卡布(Marqab)城堡和阿尔莫罗(Almourol)城堡的照片。感谢卡迪夫大学(Cardiff University)历史与考古学院的约翰·摩根(John Morgan)制作了这些真实的照片。而书中的其他图片均由布里奇曼艺术图书馆(Bridgeman Art Library)提供。书中出现的地图由我和奈杰尔·尼克尔森(Nigel Nicholson)共同绘制。我特别要感谢托马斯·福吉(Thomas Fudge)和阿什盖特出版社(Ashgate Publishing)授权本书从《对抗波西米亚异端的十字军,1418—1437》(*The Crusade against Heretics in Bohemia*, Aldershot: Ashgate, 2002, pp. 130 - 132)一书中引用他翻译的文本——《十字军部队在扎泰茨再次受挫》(Crusade armies thwarted again at Zǎtec)。而本书其余的翻译工作，除非另有说明，都是本人自行完成的。法兰西文学院（L'Académie des inscriptions et belles-lettres）友好地允许我从昂里·马塞（Henri Massé）翻译的《伊马德丁·伊斯法哈尼：以萨拉丁的名义征服叙利亚和巴勒斯坦》[Paris：Librarie orientaliste Paul Geuthner，1972，出自《十字军运动史文档》（Documents relatifs *à* l'histoire des croisudes）卷10]中摘出部分内容翻译成英文。我还非常感谢德国达姆施塔特的科学书籍协会（Wissenschaftliche Buchgesellschaft）允许我将克劳斯·斯科尔茨（Klaus Scholz）和迪特尔·沃伊特奇（Dieter Wojtecki）编辑和翻译的《彼得·冯·杜斯伯格：普鲁士纪事》（*Chronik des Preussenlandes*，Darmstadt：Wissenschaftliche Buchgesellschaft，1984）中的部分内容进行翻译。

关于名称的说明

本书中提到的许多地名和人名都有多种称呼，或者一个名称有多种拼写方式。我将使用历史学家们通常使用的名称，如果没有，就尽量采用英语读者最熟悉的名称。在必要的时候，我将在某个名称第一次出现时给出它的其他称呼方式。

这本书中经常提到"欧洲"。但这个词在中世纪指的并不是一个政治上的区域。在本书中，我使用这个词是为了更方便地指称如今被称作"欧洲"的一片地理区域。

年　表

1064年，基督徒联军攻克了（伊比利亚半岛的）巴瓦斯特罗（Barbastro）。

1085年，卡斯提尔国王阿方索六世（Alfonso VI）占领了（伊比利亚半岛的）的托莱多（Toledo）。

1086年，卡斯提尔国王阿方索六世在萨拉卡（Sagrajas）被阿尔摩拉维德人（Almoravids）击败。

1087年，一支基督徒舰队袭击并劫掠了（北非的）马赫迪耶（alMahdiyyah）。

1095年，教皇乌尔班二世（Urban II）在克莱芒会议上布道，号召进行第一次十字军东征。

1099年，第一次十字军东征攻占耶路撒冷。耶路撒冷的拉丁王国建立。

1100—1101年，一次后续的东进远征被突厥人击溃。

1107—1110年，挪威国王西格德（Sigurd）率领军队来到圣地。

1119年，“血田”（Field of Blood）之战。安条克的罗歇（Roger of Antioch）被马尔丁的伊尔加齐·伊本·阿图克（Il-ghazi ibn Artuk of Mardin）击败。

1120年，军事宗教修会“圣殿骑士团”在耶路撒冷建立。

1122—1124 年，一支威尼斯海军远征圣地；攻陷提尔（Tyre）。

1129 年，十字军试图进攻大马士革（Damascus），未果。

1136 年，耶路撒冷国王富尔克（Fulk）将巴耶吉布林（Beit Jibrin）城堡托付给耶路撒冷圣约翰医院骑士团，该事件是这一宗教修会介入军事行动最早的显著迹象。

1144 年，摩苏尔和阿勒颇（Aleppo）的统治者赞吉攻陷了埃德萨（Edessa）。

1146 年，赞吉去世。

1147 年，葡萄牙的阿方索一世（Afonso I）和十字军占领了里斯本（Lisbon）。

1147—1149 年，第二次十字军东征。十字军包围了大马士革，但未能攻克。

1153 年，耶路撒冷国王鲍德温三世（Baldwin III）的军队攻克阿斯卡隆（Ascalon）。

1154 年，努尔丁（赞吉之子）攻克大马士革。穆瓦希德人（Almohads）控制了格兰纳达（Granada）。

1158 年，佛兰德斯（Flanders）伯爵蒂埃里（Thierry）前往耶路撒冷朝圣。

1163—1169 年，耶路撒冷国王阿马尔里克（Amalric）出征埃及。

1169 年，萨拉丁（Saladin）成为埃及的维齐尔（vizier）。

1172 年，萨克森（Saxony）公爵“狮子”亨利（Henry the Lion）前往耶路撒冷朝圣。穆瓦希德王朝控制了塞维利亚（Seville）。

1174 年，努尔丁去世。萨拉丁占领大马士革。

1177 年，佛兰德斯伯爵菲利普（Count Philip）前往耶路撒冷朝圣。萨拉丁与耶路撒冷国王鲍德温四世（Baldwin IV）在蒙吉萨

(Montgisard)开战。鲍德温获胜。

1187年,萨拉丁攻陷耶路撒冷。

1189—1192年,第三次十字军东征。目标是收复耶路撒冷。此目标未能达成,但收复了一些领地。

1197—1198年,德意志十字军收复了一些领地,并将阿卡(Acre)的条顿医院修会转变为军事宗教修会,称为条顿人的圣玛利亚医院骑士团(Hospital of St. Many of the Tuatons,即条顿骑士团)。

1202—1204年,第四次十字军东征。目标是帮助在圣地的基督徒。他们攻陷了君士坦丁堡(Constantinople)。

1209—1226年,阿尔比十字军运动(Albigensian Crusades)。

1212年,"儿童十字军"。该队伍还未离开欧洲就溃散了。

1212年,拉斯纳瓦斯·德·托洛萨(Las Navas de Tolosa)之战。基督教联军击败了穆瓦希德人。

1213年,米雷(Muret)之战。西蒙·德·蒙特福特(Simon de Montfort)率领十字军击败了阿拉贡国王佩德罗二世(Peter II)。

1218—1221年,第五次十字军东征。目标是征服埃及。最初进行得很成功,但穆斯林打开了尼罗河的水闸,十字军遭遇失败。

1228—1229年,皇帝腓特烈二世(Frederick II)发动十字军东征。他与阿尤布(Ayyūbid)王朝的埃及苏丹卡米尔(al-Kāmil)签订协议,为耶路撒冷王国收复了耶路撒冷。

1229年,阿拉贡国王海梅一世(James I)征服巴利阿里(Balearic)群岛。

13世纪30年代,条顿骑士团在普鲁士展开军事行动。

1233年,阿拉贡国王海梅一世入侵巴伦西亚(Valencia)王国。

1237 年,条顿骑士团接管了利沃尼亚(Livonia)的宝剑骑士团(Swordbrothers)。

1238 年,阿拉贡国王海梅一世占领巴伦西亚城。

1239—1240 年,香槟(Champagne)伯爵、纳瓦拉(Navarre)国王蒂博(Theobald)率领的十字军到达阿卡。蒂博与大马士革的统治者,也就是阿尤布王朝的萨利赫·伊斯梅尔(al-Salih Ismáil)达成一项和平协议。

1240—1241 年,康沃尔(Cornwall)伯爵理查(Richard)率领十字军到达阿卡。他与开罗的苏丹,也就是阿尤布王朝的萨利赫谈判,收复了耶路撒冷王国的领地。

1242 年,条顿骑士团的利沃尼亚分部在楚德湖[Lake Chud,也就是佩普西湖(Lake Peipus)]被亚历山大·涅夫斯基(Alexander Nevsky)大公率领的军队击败。

1244 年,十字军最终失去了耶路撒冷。

1248—1254 年,法兰西国王路易九世(Louis IX)发动他的第一次东征,进军埃及。十字军占领达米埃塔(Damietta)港,但于 1250 年 2 月在曼苏拉(Mansūra)被击败。之后,路易前往阿卡。

1250 年,埃及的马穆鲁克(Mamluk)政变推翻了阿尤布王朝。

1251 年,第一次"牧羊人十字军":一场旨在帮助国王路易的大众宗教运动。十字军开始攻击神职人员和犹太人,运动被粉碎。

1258 年,蒙古人攻占巴格达(Baghdad)。

1260 年,阿音札鲁特(Ayn Jalut)之战。埃及的马穆鲁克人挡住了蒙古人。同年,拜巴尔(Baibars)成为埃及苏丹。

1261 年,巴列奥略王朝(Palaeologos)的米海尔(Michael)夺回君士坦丁堡。

1263—1271 年，苏丹拜巴尔对叙利亚和巴勒斯坦用兵。

1269 年，阿拉贡的王公们前往阿卡加入十字军。

1269—1270 年，一支弗里斯兰(Frisian)十字军抵达阿卡。

1270 年，法兰西国王路易九世发动第二次东征，围攻突尼斯，但一无所获。

1271—1272 年，英格兰的爱德华亲王[后来的英格兰国王爱德华一世(Edward I)]抵达阿卡：此次朝圣以休战告终。

1274 年，第二次里昂公会议(Church Council of Lyons)探讨了收复圣地的计划。未得出任何定论。

1277 年，拜巴尔去世。

1282 年，西西里晚祷事件(Sicilian Vespers)：西西里人发动叛乱，反对那不勒斯国王安茹的查理(Charles of Anjou)。

1285 年，法兰西人对阿拉贡发起十字军东征，报复阿拉贡人对西西里叛乱的协助。

1291 年，阿卡被埃及苏丹阿什拉夫·哈利勒(al-Ashraf Khalīl)攻克。不久之后，圣地其余的"拉丁"领土就都落入了穆斯林手中。

1306 年，耶路撒冷圣约翰医院骑士团开始占据原属于希腊东正教会的罗德岛(island of Rhodes)。

1309 年，条顿骑士团将总部迁往普鲁士的马林堡(Marienburg)。医院骑士团将总部迁往罗德岛。

1312 年，教宗克莱蒙五世(Clement V)解散圣殿骑士团。

1320 年，第二次"牧羊人十字军"：一场旨在抵达圣地的大众宗教运动。他们杀害犹太人、攻击神职人员，运动被粉碎。

1332—1334 年，第一次海上十字军同盟成立，在海上对抗穆斯林。

1344年,海上十字军联盟攻克士麦那[Smyrna,今伊兹密尔(Izmir)]。

1365年,塞浦路斯的彼得一世(Peter I)率领十字军攻克亚历山大(Alexandria),但旋即撤离。

1374年,教皇格列高利十一世(Gregory XI)将士麦那的防御任务托付给医院骑士团。

1375年,马穆鲁克王朝征服奇里乞亚亚美尼亚(Cilician Armenia)。

1386年,波兰女国王雅德维加(Jadwiga)与立陶宛大公雅盖沃(Jagiełło)结婚。立陶宛皈依大公教会。

1389年,科索沃平原(Kosovo Polje)之战,奥斯曼土耳其宣布获胜。

1390年,一支法兰西远征军前往占领马赫迪耶(北非)。围城战以签订和平条约告终,法兰西军队平安撤出。

1396年,尼科波利斯(Nicopolis)之战:西欧十字军被巴耶济德一世(Bayezid I)率领的奥斯曼土耳其人打败。

1399—1404年,法兰西元帅布希考特(Boucicaut)率军袭击地中海东部的土耳其人定居点。

1402年,"跛子"帖木儿(Timur the Lame)攻占士麦那。

1410年,条顿骑士团在坦能堡[Tannenberg,或称"格伦瓦尔德"(Grunwald)]被"波兰-立陶宛"的大公教会基督徒联军击败。

1420—1431年,胡斯十字军运动。

1434年,利帕尼(Lipany)之战:胡斯温和派击败了激进派。

1444年,瓦尔纳(Varna)十字军:抵御奥斯曼土耳其人,以失败告终。

1453 年，君士坦丁堡被穆罕默德二世（Mehmed II）率领的奥斯曼土耳其人攻克。

1456 年，在亚诺什·匈雅提（John Hunyadi）率领的十字军抵抗下，贝尔格莱德（Belgrade）成功挡住了奥斯曼土耳其的进攻。

1480 年，医院骑士团在罗德岛挡住了奥斯曼土耳其人。奥斯曼占领了意大利的奥特朗托（Otranto），但次年就失去了该地。

1492 年，伊斯兰城市格拉纳达被卡斯提尔-阿拉贡的伊莎贝拉（Isabella）和费迪南（Ferdinand）攻克。

1497 年，西班牙人占领北非的梅利利亚（Melilla）。

1501—1502 年，一支威尼斯-匈牙利海上十字军联盟军队摧毁了土耳其人在爱奥尼亚（Ionian）群岛的基地。

1505—1510 年，西班牙人在北非发动了一场十字军战争。

1516—1517 年，奥斯曼苏丹塞利姆一世（Selim I）击败马穆鲁克人，征服埃及。

1518 年，马丁·路德的《九十五条论纲》（*Explanntions of the Ninety-five Theses*）指出，奥斯曼土耳其对欧洲的攻击是上帝对基督徒所犯罪恶的惩罚，因此教会不应该用武器来对抗他们，而应该依靠祈祷。

1522—1523 年，罗德岛被奥斯曼土耳其人攻克，这场战役的总指挥是苏莱曼大帝（Süleyman the Magnificent）。

1529 年，奥斯曼第一次围攻维也纳（Vienna），被击退。

1530 年，医院骑士团撤至马耳他（Malta）。

1551 年，土耳其再次占领北非的的黎波里（Tripoli）。

1565 年，医院骑士团在马耳他抵抗苏莱曼大帝的进攻。

1571 年，奥斯曼土耳其人征服塞浦路斯（Cyprus）。勒班陀

(Lepanto)之战：天主教神圣联盟战胜奥斯曼土耳其人，但并未收复塞浦路斯。

1578 年，对抗摩洛哥的葡萄牙十字军在凯比尔堡(Alcazar el-Kebir)遭遇失败。

1588 年，西班牙舰队(Spanish Armada)：西班牙天主教徒远征新教英格兰。舰队被风暴吹散，入侵失败。

1645—1669 年，奥斯曼围攻并占领了克里特岛(Crete)。

1683 年，奥斯曼再次围攻维也纳，被击退。

1684—1697 年，神圣(十字军)联盟成立并开始运行。

1685—1687 年，威尼斯人从奥斯曼手中征服了摩里亚[Morea，即伯罗奔尼撒(Peloponnese)]。

1707 年，西班牙的奥兰(Oran，位于北非)被阿尔及尔的穆斯林占领。

1714—1715 年，奥斯曼苏丹艾哈迈德三世(Ahmed III)进攻威尼斯在希腊群岛的领地，夺回摩里亚。

1750—1792 年，法兰西、西班牙和威尼斯对藏匿海盗的北非伊斯兰城市发动攻击。

1784—1792 年，威尼斯共和国对突尼斯发动战争。

1798 年，马耳他的医院骑士团向拿破仑投降。

目　录

引　言
十字军运动的概念与动机

十字军运动始于何时？这个问题的答案取决于如何定义“十字军运动”。一些历史学家认为，1064 年，伊比利亚半岛上的西班牙基督徒对穆斯林统治的巴瓦斯特罗城发动的战役，应该算是第一次十字军运动。参加这场战役的战士包括了来自半岛之外的基督徒，而且可能获得了教皇的支持（在这一点上历史学家没有共识）。1087 年，一支来自意大利比萨（Pisa）和热那亚（Genoa）等海上城市的海军袭击并劫掠了北非城市马赫迪耶。当时基督教徒对这场战争的描述与后来的十字军运动类似，都将它们视作由基督领导的一场“圣战”，对抗的是不信基督教的神（上帝）的穆斯林。比萨人佩戴着朝圣者的徽章，而后来的十字军战士佩戴的是十字架。如果说，以是否佩戴十字架来作为识别十字军战士的标准，那么上面说的两场战役就不能称为十字军运动，但它们在参加的人员和动机上无疑都可以算是后来那些战役的预演。

大部分学者都同意十字军运动的开端是 1095 年 11 月，其时教皇乌尔班二世在法兰西东南部的克莱芒举办的宗教会议上布道。他具体说了什么，已经无从知晓了。但这次布道导致的结果是一场针对小亚细亚的突厥人的远征，收复了一些直到不久之前还属于拜占庭皇帝的领地。在叙利亚和巴勒斯坦，远征军占领了许多要塞和城市，并最终于 1099 年 7 月攻占了耶路撒冷。十字军战士在叙利亚和巴勒斯坦建立了新的基督教国家。这些国家随后一直在遭受邻近穆斯林统治者的攻击，直至 1291 年完全灭亡。不过，此后西欧人依然保有塞浦路斯岛，十字军战士在地中海东部还活跃了好几个世纪。

十字军运动的另外几条战线包括了以下几个区域：伊比利亚半岛(如今的西班牙和葡萄牙)，在那里，十字军战士们为了夺取那些直到 8 世纪还是基督徒统治的土地而战；波罗的海区域，在那里，基督徒战士们战斗的目的一方面是保卫基督教的领土，另一方面则是劝服那些异教徒——他们的信仰如今尚不为人所知——皈依基督教；除此之外，还包括一些意大利罗马教皇和它的敌人之间的战斗，以及针对那些反对教会组织权威的基督教异端的战斗。“十字军”这个词还被用来表示某种对抗不公和邪恶的运动。而现代的学者通常不会将“十字军”这个词用来指代 16 世纪之后的军事运动，不过有些人依然主张，某种形式的十字军运动一直持续到 18 世纪末。还有一些学者认为“十字军精神”在 16 世纪大航海探险和对新世界的征服中起到了重要的作用。

什么是十字军运动？

关于十字军运动的任何一种定义都无法让所有学者达成一致。翻翻一些近期由研究十字军运动的领军学者撰写的著作，可以将它们的不同意见大体分为 4 种不同的类别。总结如下：①

(1) 多数专家将“十字军运动”定义为任何以上帝的名义发动的基督教宗教战争，并将现代人对于定义“十字军运动”所作的尝试视为虚假和误导。他们会认为,在对这项中世纪事业的精确定义的争论中,现代学者正在试图将现代的观点和思维方式强加给一个世界观有巨大差异的社会。

(2) 持有大众立场的学者们认为,“十字军运动”本质上是一场为群众和/或战士们准备的宗教事业,而不是为神职人员准备的。

(3) 持有传统观点的学者们相信,“十字军运动”是一场“军事—宗教”远征,目的是收复或保卫耶路撒冷。

(4) 而多元主义学者们研究的是十字军的招募和组织模式,他们认为任何符合这种招募和组织模式的军事运动都属于“十字军运动”,如果不相符,则不能称为十字军。

不过,抱持着这些不同意见的学者们都能在一些观点上达成共识。他们都认为十字军运动从根本上说是一种中世纪的现象:至16世纪,它已经变得不太常见,而至17世纪时几乎已经消失。他们一般也会同意,战士们相信十字军运动是补赎的一种形式。他们是拉丁基督徒,笃信他们犯下的罪——违背上帝的意旨(比如杀害其他基督徒)——触怒了上帝。他们认为,如果在死前这些罪没有得到补赎,那么死后就会受到严厉的惩罚。而补赎的一种方式就是去朝圣,也就是一趟去某个特别神圣的地方的旅行。耶路撒冷是基督徒公认的朝圣目的地,因为他们相信那是耶稣基督的死亡、葬身之所和复活重生之地,也是基督信仰的发源地。因此,前往耶路撒冷的十字军运动是朝圣的一种形式。

学者们也普遍同意十字军运动是一场“圣战”:一场为上帝而战的宗教战争,目的是推动十字军战士所笃信的“上帝的安排”。这典型地体现在对受到非基督徒攻击的基督徒加以保护(比如在小亚细亚的十字军),但也可能意味着试图收复被非基督徒占领的基督教领地(比如在伊比利亚半岛的十字军)。不过,也可能包括了某些信仰观点不一致的基督教团体之间的斗争(比如征讨胡斯派* 的十字军)。

那些发下誓愿前去远征的人们会在上衣上缝上一枚十字架,作为誓言的象征。术语“以十字架为记”或“领受十字架”——在中世纪法语中写作“*se croisier*”,在中世纪拉丁语中表述为“*crux suscepit*”“*crux accepit*”或“*crucizo*”——在 12 世纪就已经被当时的作家所使用了。目前所知,最早使用“以十字架为记”这个术语的时间应该是 1097 年,也就是第一次十字军东征动员后不到两年。② 而“十字军”和“十字军战士”等词语,就是从这些术语中发展出来的。根据《牛津英语词典》,英语中第一次出现“十字军”是在 1577 年,但与它相对应的法语“*croisade*”早在 100 多年前就已经出现了。③ 因此在中世纪,人们“加入了十字军”(“took the cross”),但在这场远征进行了 300 多年以后,“十字军”(crusade)这一术语才开始被提及。而且,即便延至 15 世纪,这场充满了刀光剑影的远征依然经常被称作“朝圣”(传统的朝圣并不涉及战争)。“朝圣”这个词不仅被用在这场对耶路撒冷的军事远征上,而且还被用在任何在基督教领地上发生的针对任何邪恶敌人的战争。远征活动还被称作“passages”,意思是“旅程”或“旅行”,也被称作“基督的事业”(Christ’s business)。术语的变动真切地表明了,中世纪十字军的概念非常宽泛。

所以,正如多数专家所说,中世纪的十字军运动很难被精确界定。持有大众立场的学者们认为西欧有很多平民也参加了十字军,

---

* 胡斯派(Hussite),捷克基督教新教运动中兴起的一个派别。遵循著名波西米亚改革家扬·胡斯的理论,故得名。——译者注(如无特别说明,本书脚注皆为译者注)

这也是对的，许多参与者的确不是贵族。事实上，同时代的人很快注意到十字军运动有一个特点，那就是它为宗教组织的边缘人提供了一条获得上帝恩惠的途径。第一次十字军东征结束后，修道士诺让的吉贝尔（Guibert of Nogent）在书中述及此事，他作了如下描述："在我们这个时代，上帝定下了'圣战'，这是让骑士阶层和游民能够获得一种救赎的新方式，而在此前，他们只是忙于互相残杀，就像他们的异教徒祖先们一样。"④ 十字军运动与战争有关，所以神职人员本不应置身其中。神父们不应该流血，修道士和修女们也不应该参加十字军，因为他们的宗教信条要求他们留在修道院里，而不是出门旅行。不过，实际情况是，许多神父、修道士和修女都加入了十字军。

还有许多人跟随着远征军去圣地参观。他们不是去打仗的。大量的非战斗人员给12世纪的十字军领袖们带来了麻烦。远征是军事任务，但也是一次朝圣，因此任何人都可以加入其中，不仅包括战士和他们的仆从，还有来自各个社会阶层的老人、青年、妇女和儿童。富有的贵族妇女陪着丈夫们参加远征，比如阿基坦（Aquitaine）的女公爵埃莉诺（Eleanor）跟随丈夫法兰西国王路易七世（Louis VII）参加了第二次十字军东征，纳瓦拉的贝伦加丽亚（Berengaria of Navarre）陪着英格兰国王理查一世（Richard I）参与了第三次十字军东征。还有一些富裕的贵族妇女则抛开男人独自旅行，用自己的财力资助武士们。⑤那些贫穷的非战斗人员可以充当后勤部队，负责收集和准备食物，照顾病人，给战场上的部队送水。男人和女人们都是商人，向军队出售食物，或成为制造盔甲和武器的工匠。非战斗人员还有一项任务，就是为战士们祈祷，提供精神支持。不过，他们在行军中需要食物和保护。这是对军事资源的巨大消耗。教皇们和传教士们想要阻止非战斗人员加入十字军，但都没能成功。1213年，教皇英诺森三世(Innocent III,见“人物传略”)在通谕《事出紧急》(*Quia maior*)中试图重新组织征募十字军,让每个人都能在远征中受益,但只有武士才能参加。其他“接受了十字架”和许诺参加十字军的人将被要求缴纳一笔钱,可以此来代替他们实现誓言。他们被告知,会从上帝那里得到与亲身参加十字军一样的奖赏:他们过去犯下的所有罪行的惩罚都将一笔勾销。这笔钱就算是他们的补赎。

十字军运动是否足以抹除对一个人所犯罪行的全部惩罚?神学家们对此意见不一,但教皇英诺森三世对此言之凿凿。通过参加十字军来抹去所有惩罚,这被称作“特赦”(indulgence),同时,通过支付款额来代替亲自参与十字军的整个制度,也被看作一种“特赦”。在之后的岁月里,十字军传教士出售十字军赎罪券的行为被指责为给教皇赚钱,而不是为了帮助十字军事业。1265 年,一位圣殿骑士团团员里考·波诺梅尔(Ricaut Bonomel)创作了一首歌曲,批评了教皇的十字军政策:

……教宗慷慨地播撒他的特赦,
为了对抗意大利人,而给(安茹的)查理和法兰西人,
但他从我们这儿得了许多好处,
饶恕了那些接过我们十字架的有钱人;
如果有人要用钱替他们去圣地,
为了那意大利的战争,
我们的教皇特使当然会同意,
为了金钱,他可以售卖上帝和特赦。[6]

里考抱怨的是,教皇把原本应该用来对付攻击圣地的穆斯林的

十字军战士和资金转移到了意大利，去对付自己的敌人。在 16 世纪，修道士马丁·路德(Martin Luther)辩称，教皇声称上帝赋予他能够抹去惩罚的权柄，这是完全错误的。十字军的赎罪券和税收给基督教世界带来的是巨大的痛苦和不幸。[7]围绕着赎罪券是否有效的争论，是 16 世纪新教徒从大公教会中分裂出来的原因之一。

十字军运动的动机

中世纪参加十字军的人们，是像持大众立场的学者们认为的那样，将它当成一项宗教事业吗？还是说，宗教只是战争的借口？教会赋予了武士和他们的军队进行军事行动的正当理由，给他们戴上了十字架，但武士们自己觉得宗教原因很重要吗？许多武士没有选择的余地，因为他们必须追随自己的领主。那么，那些领主又为什么要参加十字军呢？

一些历史学家曾经指出过十字军的经济动机。11 世纪的西欧，人口增长，但没有足够的粮食来养活不断增加的人口，这导致了饥荒的出现。年轻的贵族想要获得土地，因为土地是财富，能够赋予他们地位，但可以流通的土地并不够。西欧原本有各种各样的继承习俗，但它们都存在问题。如果是长子继承制(Primogeniture)，由长子继承全部家业，那么其他孩子就不得不另谋出路；如果是整个家庭共有土地，通常只允许其中一个儿子结婚，这样土地就不必分割给许多孩子。这样一来，有些孩子更愿意放弃家庭财产的继承权，而去其他地方寻求财富。[8]

在十字军运动中，一些无地的贵族的确获得了巨大的利益。在第一次十字军东征期间，来自意大利南部的诺曼贵族博希蒙德(Bohemond)赢得了叙利亚的重要城市安条克[今土耳其的安塔基亚(Antakya)]，并成了那里的亲王。在他去世之后，陪同他参加十字军东征的侄儿唐克雷德(Tancred)成了他的继承人。也是在这次十字军东征中，布洛涅(Boulogne)伯爵尤斯塔斯(Eustace)与洛林的艾达(Ida of Lorrain)所生的最小的儿子——布洛涅的鲍德温(Baldwin)占领了埃德萨[今土耳其的乌尔法(Urfa)]。他后来还当上了耶路撒冷的国王。

但还应该看到，大部分的十字军并未留在东方。虽然他们出发时怀揣着发财的梦想，但远征结束后他们就返回了家乡。事实上，十字军之旅非常昂贵。它是在遥远国度进行的一场旷日持久的军事行动，在那里缺粮少水，也很难替换盔甲、武器和马匹。如果不是贵族，可能不太能够寄望从中赚到太多的钱。

支撑十字军的另一个动机也许是对荣耀和荣誉的渴望。对一名武士来说，十字军是一项光荣的行动。尤其是与穆斯林作战，西方基督徒将他们视为技术高超、令人生畏的武士，与他们进行战斗将会在国内给武士们带来声望。荣誉与荣耀——受到同伴和整个社会的尊重——对武士阶层来说极其重要。他们宁愿失去一切，也不愿失去他们的好名声，而且他们会想尽一切办法来提高作为武士的声望。

总的来看，武士参加十字军的原因很多。宗教动因至关重要，但并非唯一因素。大约14世纪中期的法兰西贵族骑士若弗鲁瓦·德·沙尔尼(Geoffrey de Charny)曾写过一首诗，描述一名战士如何用战功来赢得荣誉。他鼓励年轻的骑士们亲身参加十字军来闻名于世：

你想去哪里？
格兰纳达，还是海外（到中东）
去击溃上帝的敌人？
这才是美好的人生。
在普鲁士或伦巴第，
或罗马尼亚之地（拜占庭帝国）？
精心地挑选
看看哪儿才是你的目的地。
“如果我可以在某个地方找到基督徒
他愿意履行职责
武装自己
打败上帝的敌人
那我愿意留下来；
我愿尽我所能侍奉上帝，
以我最好的方式去侍奉他，
而最好的方式，
就是那‘崇高之勇武’
常驻于勇士的心中。”
现在，尽你所能去实现吧。⑨

若弗鲁瓦·德·沙尔尼将这两个动机——侍奉上帝和赢得荣誉——描述为不可分割的整体。再举一个例子，让·勒曼格尔[（Jean le Maingre），又名布希考特，法兰西元帅和热那亚总督，逝于1421年）的传记作者告诉我们，在1407年8月，布希考特派人送信给塞浦路斯国王，也就是吕西尼昂的雅努斯（Janus of Lusignan），要求发动一场针对埃及北部亚历山大里亚穆斯林的军事行动。布希考特的第一个理由是，这场攻击行动显示了对上帝的爱，能造福教会，而第二个理由是它能惠及他的灵魂。从以上两个理由来看，这场行动似乎是一次纯粹的宗教远征。然而，布希考特还有第三和第四个理由。他提出，所有骑士都应该利用他们的年轻和力量去建功立业，赢得永久的赞誉；所有骑士和上等人都应该在战争中锤炼自己，赢得荣誉和声望。[⑩]因此事实上，布希考特希望的是参加这场军事行动的人都能抱着这样的多重动机。

所以，十字军运动是一场军事远征，也是一场宗教远征，尽管它与战斗有关，可依然被称作“朝圣”。一些远征军到达了圣地，但还有一些人的目标是基督教世界的其他前线，或者与基督教世界内部的敌人作战。中世纪的人们是认为只有前往圣地的远征军才是最重要的？还是针对基督教世界的所有敌人的所有远征都能获得同样的声望？历史学家对此没有一致的看法。然而，研究十字军的多元主义历史学家认为，在定义十字军时，我们还应该考虑的是这些远征军是如何被组织起来的。那么，区别于其他军事远征，在十字军的组织方面有什么特别之处吗？

十字军运动的组织

多元主义历史学家认为，一次远征之所以能被称为“十字军”，必须具备以下特征。首先，必须由教皇通过布道或向所有基督徒发布所谓的“教皇通谕”的信函（例如“文献五”中所示）来发起。教皇授权神职人员来传讲关于十字军运动的内容，鼓励人们加入其中，而且他还会指派特定的人去为十字军布道。第二，参加十字军的人必须宣誓他们愿意加入远征军，还得在衣服上缝上一个十字架作为誓言的象征。这种誓言与朝圣者的誓言相似。第三，以这种方式“参加十字军”的人，会得到教会给予的一定程度的特权，这样一来，他们那些没有偿还的债务就可以延期到他们回来以后再说，他们的家庭和财产就可以受到教会的保护；而同样的保护也庇护了那些朝圣者们。除此之外，正如之前提到的，十字军还能得到“十字军特赦”。

但这个定义是存疑的。并非每一位参加远征的人都会领受十字架，因为领队的贵族参加十字军时会带上他的骑士和其他战士，无论这些人是否曾经宣誓过。而那些在家的人也未必总是尊重那些给予十字军参与者的家庭和土地的保护。例如，英格兰国王理查一世和法兰西国王腓力二世共同发起了第三次十字军东征，但他们产生了争执，腓力二世返回了法兰西，并对理查在法兰西所拥有的领地发起了进攻。更重要的是，正如前面提到的，不参加十字军的人同样可以获得十字军特赦。但大体上看，以上提到的这些特征的确可以当作区分普通远征与十字军的标志。

通过定义十字军运动的发起者和组织形式，现代多元主义历史学家将某些过去没有被视作十字军的远征定义为十字军运动，并将一些原先被视为十字军的远征排除了出去。比如，根据这个定义，在欧洲波罗的海区域对抗异教徒的远征、在伊比利亚半岛对抗穆斯林的战争、针对异教徒（如清洁派和胡斯派）的战争，以及 13 世纪在意大利发生的教皇与西西里统治者霍亨斯陶芬（Hohenstaufen）王朝的战争都可以被纳入十字军运动的范畴。在建于叙利亚和巴勒斯坦的十字军国家灭亡以后，即便耶路撒冷已经沦陷，前往东地中海的远征军也应当被视为十字军运动的一部分，同样，在巴尔干对抗奥斯曼土耳其，在北非对抗摩洛哥人、突尼斯人和阿尔及尔人的远征军也都是十字军。对抗穆斯林统治者的海战也应当属于十字军运动的一种形式，这就意味着16—17世纪囊括了意大利海军强国威尼斯和热那亚的“神圣同盟”(Holy Leagues)也属于十字军运动的一类。从多元主义角度上看，十字军运动一直持续到1798年。是年，拿破仑攻占了马耳他岛，从此马耳他医院骑士团对地中海穆斯林海盗的海上战争戛然而止，这标志着十字军运动的结束。

而反过来说，对于研究十字军运动的多元历史学家而言，1212年的儿童十字军并不是真正的十字军运动，因为它不是由教皇发起的，没有经过教皇正式授权的布道，也没有被授予教会官方的特权，更没有获得十字军特赦。1251年和1320年所谓的“牧羊人十字军”也称不上十字军运动，同样，一些小的前往东方的远征，比如1122—1124年之间的威尼斯远征和1172年“狮子”亨利的朝圣之旅，也都算不上十字军运动。然而，那些将十字军运动视作大众和武士们广泛参与的宗教活动的学者们则将这些军事活动看成是名副其实的十字军运动，同时他们认为医院骑士团和神圣同盟则算不上，因为它们只有数量很少的武士参与其中。

又如，多元主义历史学家不会将由非拉丁基督徒组织的远征称作十字军运动。他们坚持认为教皇在十字军运动中扮演了重要的角色，任何不由教皇发起的远征都不能视作十字军。因此，拜占庭人发起的战争不是十字军运动，因为他们是东正教会基督徒，不是拉丁基督徒，他们也不承认教皇的属灵权威。同样，新教徒发起的也不是十字军运动，因为他们反对教皇的权威。这两类基督徒参加的与十字军运动相似的战争都可以归为“圣战”，但不属于十字军运动。

同样，非基督徒发起的也不是十字军运动。因为十字架是十字军运动的基本要素之一，这个运动也由此得名。所以，由其他宗教团体成员发起的神圣战争仅仅属于“圣战”，而不是十字军运动。

这些定义对我们有什么指导性呢？它们无疑表明，我们要定义历史上的运动有多么困难。要找到某种定义可能有一定的用途，因为“定义”的过程逼着我们去理解过去的人们在做什么，他们希望达成的目标是什么。然而，如果我们要将某种单一的、严格的定义强加在一个广泛的、不断变化的运动之上，那么也许就会忽略掉一些重要的因素。因此，坚持十字军运动的终极目标是收复耶路撒冷的学者就会将欧洲进行的其他类型“基督的事业”，例如在波罗的海对抗异教徒的战争排除掉，而那些坚持十字军运动必须经由教皇颁布的通谕发起的学者，就会将儿童十字军等民众运动给剔除出去。事实上，大多数学者已经不再坚持某一种特定的定义；他们将某种定义作为研究的指导原则，但在研究中也涉足那些不完全符合这个定义的其他远征行动。

由于本书的目的是向读者介绍十字军运动，所以采用的定义比较宽泛，倾向于大多数学者的观点，这样就能尽可能多地涵盖更多的十字军军事行动，以及十字军运动的更多方面。本书一开始将对前往圣地的十字军做一个概览，接着再对其他十字军运动领域的内容进行考察。

注释：

① Jonathan Riley-Smith, *What Were the Crusades?* 3rd ed. (Basingstoke: Palgrave Macmillan, 2002), pp. xi－xii; Giles Constable, “The Historiography of the Crusades,” in Angeliki E. Laiou and Roy Parviz Mottahedeh, eds., *The Crusades from the Perspective of Byzantium and the Muslim World*

(Washington, DC: Dumbarton Oaks, 2001), pp. 1 - 22, here pp. 12 - 15.

② Christopher Tyerman, *The Invention of the Crusades* (Basingstoke: Palgrave Macmillan, 1998), p. 21, 引自 Heinrich Hagenmeyer, *Epistulae et chartae ad historiam primi belli sacri spectantes: Die Kreuzzugsbriefe aus den Jahren 1088 - 1100* (Innsbruck: Wagner'sche Universitäts-Buchhandlung, 1901, reprinted, Hildesheim and New York: G. Olms, 1973), p. 142; Charles Du Fresne Du Cange, *Glossarium mediae et infimae latinitatis* (Paris: Firmin Didot, 1840 - 1850), vol. 2, p. 680 ("crux assumere"); *Le Robert Dictionnaire de la langue française*, 2nd ed., vol. 3 (Paris: Robert, 1992), pp. 64 - 65。

③ *Le Robert Dictionnaire*, vol. 3, p. 64.

④ Guibert of Nogent, *The Deeds of God through the Franks: Gesta Dei per Francos*, trans. Robert Levine (Rochester, NY: Boydell, 1997), p. 28 (amended).

⑤ 关于妇女与十字军运动,见 James M. Powell, "The Role of Women in the Fifth Crusade," in Benjamin Z. Kedar, ed., *The Horns of Hattin* (Jerusalem and London: Yad Izhak Ben-Zvi and Variorum, 1992), pp. 294 - 301; Helen Nicholson, "Women on the Third Crusade," *Journal of Medieval History* 23 (1997): 335 - 349;以及部分文章,见 Susan B. Edgington and Sarah Lambert, eds., *Gendering the Crusades* (Cardiff: University of Wales Press; New York: Columbia University Press, 2001)。

⑥ Antoine de Bastard, "La colère et la douleur d'un templier en Terre Sainte: 'I're dolors s'es dins mon cor asseza'," *Revue des Langues Romaines* 81 (1974): 333 - 373, here 357, French translation 359. English translation by Helen Nicholson.

⑦ Martin Luther, "Explanations of the Ninety-five Theses" (1518), Helmut T. Lehmann, ed., *Luther's Works*, vol. 31, Harold J. Grimm, ed., *Career of the Reformer* (Philadelphia: Fortress Press, 1957), pp. 91 - 92; "On

War against the Turk" (1529), in James Atkinson, ed., *Luther's Works*, vols. 44 - 47, *The Christian in Society*, vol. 46, ed. R. C. Schultz (Philadelphia: Fortress Press, 1967), p. 186.

⑧ Hans E. Mayer, *The Crusades*, trans. John Gillingham, 2nd ed. (Oxford: Oxford University Press, 1988), pp. 21 - 23.

⑨ Arthur Piaget, "Le livre Messire Geoffroi de Charny," *Romania* 26 (1897): 394 - 411, here 403 - 404, lines 329 - 347.

⑩ *Le Livre des Fais du bon Messire Jehan le Maingre, dit Bouciquaut, Mareschal de France et Gouverneur de Jennes*, ed. Denis Lalande (Geneva: Droz, 1985), bk. 3, ch. 15, p. 351.

第一章
前往圣地的十字军远征，1095—1291

第一次十字军东征

背景

1095年11月，教皇乌尔班二世在法兰西东南部克莱芒召集的宗教会议上发表演讲。这次演讲的文本并没有保存下来，但后来的记载是，他鼓动听众们加入战争，去侍奉上帝。他们要前往东方与穆斯林交战。他们要去让生活在东方的基督徒从压迫中获得自由，还要令耶稣曾经生活、殉难和复活的圣地得到解放。可能他说过，远征的目的就是要夺回从628年起就被穆斯林军队占领的耶路撒冷。他还告诉他们，无论是谁，只要是出于虔诚，而不是为了追逐名声和金钱，就不需要为违背上帝的罪行而作任何补赎。

我们只需要比较一下基督教和伊斯兰教这两种信仰的历史，就能理解基督教世界的领袖们为什么会将伊斯兰教视为危险的敌人。公元1世纪时，基督教诞生于罗马帝国的巴勒斯坦。至公元400年，除了在罗马帝国扩散，它还发展到了埃塞俄比亚，而且在中亚也存在着一些基督教社会。其后，这种宗教继续缓慢传播，至11世纪末，除波罗的海沿岸和芬兰外，东欧、德意志地区北部和斯堪的纳维亚等地区已经全部皈依。而伊斯兰教的传播速度更快。在基督教诞生大约600年后，伊斯兰教在阿拉伯开始出现。它的创始人穆罕默德于632年逝世。3个世纪后，伊斯兰教不仅覆盖了阿拉伯、叙利亚、巴勒斯坦、美索不达米亚、波斯，以及现在的巴基斯坦和阿富汗，还传播到了北非、伊比利亚半岛的大部分地区、西西里岛和巴利阿里群岛。他们曾短暂征服了如今属于法国南部的海岸，而且在8世纪上半叶，阿拉伯的将领们曾经率领军队从西班牙北上，袭击了法兰克人（如今法国）的领地。基督徒担心伊斯兰教会征服整个基督教世界，并摧毁基督教信仰。

732年，查理·马特（“铁锤”）* 指挥法兰克人在中部的普瓦捷（Poitiers）附近击败了一支穆斯林军队。除此之外，在法兰克人与比邻的穆斯林之间还发生了许多次战争，它们都被写成了不朽的史诗。通过这些史诗，整个中世纪的法兰西武士贵族们都对查理曼**（逝于814年）与图卢兹公爵纪尧姆***（逝于812年）与穆斯林战斗的成败耳熟能详。史诗中有一些激动人心的篇章被翻译成其他语言，在欧洲流行开来。这就意味着，在11世纪末，西欧的战士们对穆斯林产生了先入为主的观念，而这些观念正是来源于他们闲暇时听到的史诗篇章。他们相信，穆斯林正企图征服整个基督教世界（毕竟他们在732年就差一点实现目标！）；他们还认为穆斯林都是训练有素的战士，非常勇敢而坚定；认为伊斯兰教信仰是对基督教的怪异歪曲，他

* “铁锤”查理·马特（Charles Martel，“the Hammer”，688—741），法兰克王国的宫相，也是王国里的实际掌权者。他所进行的统治为后来的加洛林王朝奠定了基础。

** 查理曼（Emperor Charlemagne，742—814），法兰克王国的加洛林王朝国王，于公元800年由教皇利奥三世加冕为“罗马人的皇帝”。

*** 图卢兹公爵纪尧姆（Duke William of Toulouse，755—812），第二任图卢兹公爵，于1066年被教皇封为圣徒，在中世纪的史诗中，他被描绘为忠于查理曼的典范。

们相信的是三个异教神祇，而不是神圣的三位一体。基督徒认为，上帝的意愿是让基督教战士击败穆斯林，进而让穆斯林皈依基督教，如果不肯皈依，就必须杀死他们。

因此，教皇发出的向穆斯林开战的呼吁符合基督教战士们的信念。而让人难以理解的地方在于，为什么西欧的战士们会对“补赎”如此关心？在早期基督教的教会中，基督徒如果犯了悖逆上帝的罪，就必须坦白自己的所作所为，并以某些方式改正（这就是补赎）。他们相信，如果不这么做，上帝就会弃绝他们；犯了原罪的基督徒不能与其他基督徒（包括整个教会）一起做礼拜。如果基督徒犯下一些可怕的罪行，比如在战争中杀害了很多无辜的旁观者，那么就需要很长的时间才能改正；而在改正之前，他们将一直被排除在教会之外。然而，这似乎不符合基督教的信仰——基督教的上帝是慈爱和宽大的。所以基督教的神职人员逐渐地改变了他们对待罪的方式。至 11 世纪，教会处理罪行的制度得到了修正。一旦做错事的人坦白了罪行并开始补赎，他就会被神父赦免，并与上帝和教会和好，这样一来，补赎程序也就完成了。通常来说，补赎的形式是某些特定的祷告、给慈善机构捐款，或是某趟前往圣地的旅程（朝圣）。那么，如果加入了前往东方的军事远征可以取代其他所有的补赎形式，那对西欧那些相信他们的社会功能就是战斗的武士来说，就非常具有吸引力了。根据教皇的说法，他们可以用参加适合自己的行动这一方式来赢得上帝的认可，纠正他们所做的错事。

虽然武士们明显会期待这样一个为上帝而战的机会，但教皇鼓励基督徒去战斗这一点看起来有点反常。然而事实是，当教皇乌尔班二世召集十字军时，西欧教会可以通过雇用武士的方式来为上帝而战的想法已经为他的听众所熟知了。基督教会一直以来都许可战争，只不过这种许可是在特定的情况下才会发生。在福音书中，耶稣做过各种各样的声明，暗示上帝的子民不应该参与战争，告诉他们转过另一边脸给人打，而不是以牙还牙，还告诉他们不应该使用暴力（《马太福音》5：39，26：52）。然而，在福音书中还有一些地方并不禁止士兵去战斗。施洗约翰没有让兵丁们停止争战，而是让他们对钱粮知足；耶稣称赞一名百夫长*比他在以色列遇见的任何人都更为虔诚（《路加福音》3：14，《马太福音》8：10）。在《旧约》中，上帝的子民被描写成“为上帝而战”，是执行上帝的旨意。例如，北非的希波勒吉斯［（Hippo Regius），今安纳巴（Annaba）或突尼斯的博恩（Bône）］的主教奥古斯丁（Augustine，逝于430年）谴责过战争，但他写道，为了保护那些无法自保的人而发动的战争是必要的。

在此基础上，基督教的帝王们有义务发动战争来保护罗马帝国，因为上帝将他们任命为皇帝就是为了保护他的子民。5世纪，西罗马帝国解体后，西方那些残存的信奉基督教的当权者依然认为，他们有义务为了保护自己的臣民而战。虽然在争斗中杀人就必须赎罪，但为臣民而战的武士们有正当的理由。① 如果一个地方的领主不能保护臣民，教会就必须亲涉其中。10世纪晚期的法国南部，教会领袖召开会议来试图阻止武士攻击僧侣、修女和农民等非战斗人员。地方的领主们被要求支持会议的法令，并使用武力来对抗任何破坏和平的人。11世纪时，“上帝的和平”运动逐渐传播到了法国北部和莱茵兰（Rhineland）。一些历史学家认为它是十字军运动的滥觞，因为在这场运动中，教会领袖就试图控制战争，并鼓励武士们使用武力来执行教会的法令。此外，通过控制基督教世界内部的战争，教会会

* 百夫长（centurion），军队中百人左右队伍的军官。

议还鼓励基督教武士们到基督教世界之外去战斗。还有一些历史学家注意到，有许多十字军战士来自那些没有受到“上帝的和平”控制的地区，所以“上帝的和平”运动和十字军运动之间没有直接的关系。[②]然而，教会当权者想要控制和引导暴力这一事实的确与“十字军”的概念相呼应。

本书在引言中指出，某些学者认为，拉丁(大公)基督徒收复伊比利亚半岛的巴瓦斯特罗城(1064)和北非的马赫迪耶(1087)的军事行动是十字军运动的前身。十字军运动的另一个引人注目的先兆出现在教皇格列高利七世(Gregory VII, 1073—1085 年在位)的政策当中。教皇格列高利想要改革基督教会，让它在精神上更加纯净。他相信，为了达到目的，必须令神职人员摆脱非神职人员(如国王)的控制。最积极地反对该政策的是德意志王国国王海因里希四世(Henry IV, 1056—1106 年在位)，他认为自己作为上帝指定的统治者，有责任引导和保护教会。教皇格列高利和他的拥趸号召所有的武士对抗国王，将国王当作教皇之敌。格列高利辩称，替教皇服务，就是侍奉上帝，因为教皇是圣彼得的继承者，代表上帝统治着基督教世界的一切。根据对手的说法，格列高利七世声称，为教皇而战能消弭所有罪恶，为了这个目的而杀死基督徒能得到宽恕，显然也就不需要任何补赎了。[③]这种代表教会而战的观念和十字军运动的观念十分相像：由教皇授权的战争可以代替补赎。格列高利还计划在 1074 年远征君士坦丁堡(今土耳其的伊斯坦布尔)，帮助拜占庭的希腊人对抗突厥人，但未能付诸实践。

简而言之，至 1095 年，西欧的大多数基督徒都接受了基督徒可以(并且应该)代表上帝与基督教世界的敌人作战的观念。神学家和教会的律法专家会进一步讨论什么时候战争是合法的，什么时候是不合法的，但参加十字军的人相信它是合法的战争，是上帝经由教皇批准同意的。

那么，为什么教皇会在1095年这一年号召组织十字军呢？耶路撒冷已经被穆斯林占领450多年了；而距离法蒂玛王朝的哈里发哈基姆(al-Hakim Bi-amr Allah)摧毁基督教世界最神圣的圣墓教堂(Holy Sepulchre)，并在领地中迫害基督徒也已经过了将近一个世纪。1095年，没有发生任何足以立即挑起战争的事件。但我们必须记得，由于11世纪晚期的西欧人大多数不会读写，因此他们无法阅读任何记载了几个世纪以来历史的书面记录，他们对有生之年以外的时代没有真正的感知。他们耳中听到的是耶稣那个时代的耶路撒冷城，就像《新约》里记载的那样，因此也就相信它仍然应该是一座属于基督教的城市。对于他们来说，那些由神父们和游方艺人们告知的基督在耶路撒冷的故事、8—9世纪基督武士与穆斯林入侵者的故事，就和前一天听到的其他消息一样真实和新鲜。

而对于那些受过良好教育的社会成员而言，在1095年发起一场远征还有另一个原因。自从5世纪西罗马帝国灭亡以来，西方基督教世界愈发安宁，经济也愈发繁荣。相较之下，伊斯兰世界陷入了分裂中。它在宗教上分为两个派别，一个是逊尼派，它的哈里发在巴格达；另一个是什叶派，哈里发在埃及。的确，基督教世界自身也是分裂的，在西方的是拉丁基督教会，它的宗教领袖是罗马的教皇，重要的世俗领袖是西方或罗马帝国的皇帝，在东方的是希腊东正教会，它的至高领导者是拜占庭皇帝。不过，在11世纪晚期，双方的关系良好，而伊斯兰的宗教分裂却严重得多。

11世纪晚期，中东地区被两个伊斯兰帝国瓜分：逊尼派的塞尔柱王朝，统治着叙利亚、阿拉伯、美索不达米亚和波斯，他们在之前的半个世纪里一直在向小亚细亚挺进;而什叶派的法蒂玛王朝,统治着埃及和巴勒斯坦。1071 年,塞尔柱人在曼齐科尔特之战(Battle of Manzikert)中击败了拜占庭帝国的军队,并于 1084 年占领了叙利亚的拜占庭城市安条克。但在 10 世纪 90 年代早期,一系列灾难袭击了这两个帝国。埃及和巴格达的哈里发,两大帝国的大维齐尔*,以及塞尔柱帝国的苏丹相继死亡,使得两大帝国都陷入了政治和宗教混乱。

拜占庭皇帝阿莱克修斯・科穆宁(Alexios Comnenos, 1081—1118 年在位)看到了这种混乱提供的机会,从塞尔柱人手中收复了小亚细亚和叙利亚的前拜占庭领地。1095 年春,他派遣使节参加了教皇乌尔班二世在意大利皮亚琴察(Piacenza)召开的教会会议,请求援助来对抗突厥人。或许他希望西方的一些军队能够前往君士坦丁堡,加入他的军队。以前,拜占庭的皇帝们也曾在军队中大量雇用西欧的武士,所以,阿莱克修斯想要从西欧招募武士来对抗突厥人,也是意料之中的事情。

乌尔班二世收到了皇帝阿莱克修斯的请求,并给予了热情的回应。他迫切希望给西方教会带来变化和改革,希望借由协助皇帝,可以修复君士坦丁堡教会和罗马教会之间的关系,令基督教世界走向统一。通过呼吁与穆斯林进行“圣战”,他还将成为西方所有基督徒的最高统治者。从传统上说,应由西方的皇帝来领导“圣战”,保卫基督教世界,但此时皇帝正陷于意大利北部的战争。这给了教皇扮演这一角色的机会。所以在 1095 年 11 月的克莱芒会议上,教皇乌尔班二世呼吁进行第一次十字军东征。

* 大维齐尔(grand vizier),奥斯曼帝国中苏丹以下最高级的大臣。

十字军东征的进程

法兰西、莱茵兰和意大利的贵族和他们的武士们响应了教皇的呼吁和神职人员的布道,从1096年春季开始,数支军队组成4支队伍前往君士坦丁堡。第一拨队伍出发的时间太早了,还没到收获的季节,所以出现了粮草短缺。一些十字军在莱茵兰劫掠和屠杀犹太人,理由是犹太人应对基督的死负责。他们抢夺犹太人的钱财,还试图强迫他们皈依基督教。他们的暴行受到了当时基督教作家们的谴责。第一拨十字军在前往君士坦丁堡的途中大肆掠夺,并经此进入小亚细亚,在那里他们遭遇了突厥军队,被重创。

在这之后的十字军队伍于1096年8月出发。第二拨中有英格兰的"征服者"威廉的儿子,也就是诺曼公爵"短袜"罗贝尔(Robert Curthose)领导的诺曼人,罗贝尔公爵的妹夫,即布卢瓦伯爵斯蒂芬领导的法兰西北部的武士;由佛兰德斯伯爵罗贝尔、布洛涅伯爵尤斯塔斯和他最小的弟弟鲍德温率领的来自低地国家的军队;以及由尤斯塔斯和鲍德温的兄弟——下洛林公爵布永的戈弗雷(Godfrey of Bouillon)率领的莱茵兰人。第三拨主要由法兰西人组成,是由圣吉尔的雷蒙德(Raymond of St. Gilles)伯爵指挥。第四拨是意大利的诺曼人,领导者是博希蒙德[有时被错误地冠以"塔兰托的"(of Taranto),见"人物传略"]和他的侄儿唐克雷德。大部分十字军来自欧洲那些被称作"法兰克人"的日耳曼人定居地,因此这些十字军战士也被称作"法兰克人"。队伍中还有教皇派遣的特使或代表——勒皮主教(bishop of Le Puy)蒙特伊的阿代马尔(Adhémar of Monteil),他与雷蒙德伯爵同行。除了教皇的特使之外,没有最高领导人。

十字军抵达君士坦丁堡，拜见了皇帝阿莱克修斯。经过谈判，十字军领袖们同意了帮助皇帝从突厥人手中收复领土的条件。皇帝给予十字军援助，比如提供海军的支持和粮草，而十字军则要效忠于皇帝。随后，十字军战士们进入小亚细亚，在皇帝的帮助下围攻并占领了尼西亚城。这座城市在10多年前被塞尔柱人从拜占庭手中夺了过去。按照约定，这座被重新夺回的城市移交给了皇帝。在这之后，十字军穿过小亚细亚，不同的军事领袖走的是不同的路线，占领沿途的要塞和城镇。生活在小亚细亚南部奇里乞亚的亚美尼亚基督徒帮助了他们。十字军中的一位显赫的贵族，布洛涅的鲍德温率领他的军队向东抵达了重要城市埃德萨，这座城市由亚美尼亚基督徒统治，但此前一直受到塞尔柱人的威胁。鲍德温接管了这座城市，击退了苏摩尔穆斯林统治者卡布卡(Kerbogha)的包围。因此，埃德萨及周边地区就成了"十字军诸国"——由十字军所建立的国家之一。

1097年10月，其他十字军队伍抵达了叙利亚的安条克城。由于城市太大，无法通过突袭来攻占，十字军不得不对它进行了包围。围城过程中，他们与埃及的维齐尔(或首席大臣)阿夫达(al-Afdal)进行了谈判，阿夫达希望雇用十字军来夺回法蒂玛帝国在巴勒斯坦的领地。塞尔柱人几乎没有对安条克进行援助，因为两大首领——巴尔基雅鲁克(Barkyaruq)与穆罕默德正在伊朗战斗，对基督教徒在帝国西部进行的征服活动缺乏兴趣。[4]当地的贵族企图解救安条克，但被十字军击败。最终，摩苏尔的卡布卡前来搭救这座城市。他于1098年6月下旬抵达，而此时安条克城刚被十字军成功攻占。他与十字军交战，但失败了。十字军非常吃惊于自己能打败这样一位伟大的对手，他们相信获胜完全是一场奇迹——是圣乔治和天使们一直在帮助他们(见"文献二")。

在这场胜仗之后，博希蒙德接管了安条克城及周边地区。1099年1月，大部分军队向南往耶路撒冷推进。他们所经过的城镇和要塞的某些统治者与他们议和；有些人还付钱让他们远离此地。法蒂玛人之前刚从塞尔柱人手中夺回了耶路撒冷，当然也就没有一个塞尔柱人准备帮他们与十字军对抗。1099年6月，十字军抵达耶路撒冷。经过了一场激烈的围城战之后，在热那亚船只运抵雅法[Jaffa，今以色列的特拉维夫(Tel Aviv Yafo)]的木材资源的辅助下，十字军于1099年7月15日攻陷了耶路撒冷。就像通常攻陷其他城市一样，城内居民遭到了屠杀。⑤一支埃及军队于8月抵达，企图收复这座城市，但被十字军打败了。

此时，十字军控制了巴勒斯坦的大部分地区，以及叙利亚的一部分。他们惊讶于自己的成功，认为这一定是上帝带给他们的胜果。他们相信自己实现了《圣经》中的预言——他们是新以色列人，像《旧约》中的约书亚(Joshua)一样重新征服了应许之地。不过，现代历史学家指出，第一次十字军东征的胜利其实有其他的原因。⑥

首先，十字军有统一而明确的目标——重新夺回耶路撒冷，这激发了他们的想象力和持续不断的热情。这是宗教信仰在背后支持着。其次，领导能力很重要。第一次十字军东征由教会和世俗王公们共同领导，世俗王公们控制着他们的军队，并且协同合作。第三，十字军战士的适应力强，能够改变军事策略来对抗穆斯林，在行军中不断学习。

第四，他们得到了拜占庭皇帝的帮助。比如，阿莱克修斯在塞浦路斯的舰队，曾在十字军围攻安条克时提供了补给。第一次十字军东征是拜占庭皇帝和他征召前来提供援手的西方军队所举行的联合作战。十字军还获得了中东地区的其他基督徒的帮助。第五，伊斯兰教是分裂的。塞尔柱领导者还忙于其他事务。穆斯林不理解十字军的所作所为,对耶路撒冷的陷落也没有什么反应。在塞尔柱帝国的东部,人们听说耶路撒冷陷落这个消息的时候,还以为是被拜占庭人占领了。⑦

然而,尽管第一次十字军东征成功地占领了耶路撒冷,但最初的目标仅完成了一部分。基督教世界还未统一;东方和西方依然处于分裂中。拜占庭皇帝恢复了对小亚细亚领地的统治,但十字军并未归还安条克或其余他们在叙利亚和巴勒斯坦占领的领地。相反,十字军在当地成了新的领主,建立了耶路撒冷王国。

1100—1291 年的十字军东征

1100—1291 年,十字军东征可分为 3 个阶段:

1100—1193 年,穆斯林重新团结起来,恢复进攻;

1193—1260 年,穆斯林不和,法兰克人收复失地;

1260—1291 年,穆斯林在马穆鲁克人的统治下联合起来:法兰克人丢掉了圣地。

第一阶段:穆斯林重新团结起来

1099 年,在攻占了耶路撒冷之后,从欧洲出发的远征军一直在对十字军国家提供支持。这些频繁的远征行动是很必要的,因为在攻克耶路撒冷之后,跟随第一次十字军东征的人很少留在东方定居,那些新土地的主人们几乎没有什么军事力量。从 19 世纪以来,历史学家一直认为远征军队伍的人数很多,并将规模较小的远征队称为

“朝圣队伍”。尽管这样一些数字有误导性，但现代学者依然将大部分十字军队伍的数字沿用了下来。在12世纪，只有两次前往东方的远征军的规模大得让现代历史学家估算出人数，它们分别是始于1147年的第二次十字军东征，以及始于1189年的第三次十字军东征。这两次军事活动都是由强力的穆斯林领袖造成的威胁所引发的。

在攻占圣城之后，很快地，东方的拉丁基督教定居者（众所周知的“巴勒斯坦的法兰克人”）失去了他们对于穆斯林来说最大的优势，那就是他们的团结。穆斯林在分裂的时候，法兰克人可以挑拨他们相互攻击。可是当他们团结起来以后，法兰克人很快就败退了。

1127—1128年，穆斯林中一股新的势力崛起，填补了叙利亚北部的权力真空：伊马德丁·赞吉——摩苏尔和阿勒颇[今叙利亚的哈拉卜(Halab)]的统治者。1144年，他占领了基督教城市埃德萨。赞吉是一位杰出而无情的军事领袖，与他同时代的伊斯兰人认为他的军事行动是在对异教徒进行“圣战”。1146年，赞吉被刺杀后，他的领地被两个儿子瓜分。他的小儿子努尔丁继承了阿勒颇，致力于扩大自己在叙利亚的势力，于1154年攻占了重要城市大马士革（今属于叙利亚）。努尔丁非常虔诚，也是个训练有素的将军，他把对基督徒的战争描述成一场“圣战”，视为他作为一名穆斯林的责任。1174年努尔丁去世后，萨拉丁（见“人物传略”）成为埃及和大马士革的苏丹，他的势力范围包围着十字军诸国。萨拉丁承继了努尔丁的“圣战”政策，努力将穆斯林团结在他身后，一起对抗“多神论的”基督徒（因为基督徒崇拜“三位一体”，而穆斯林只崇拜唯一的神：除了安拉，别无真神。因此穆斯林将基督教称为“多神论的”）。⑧

第二次十字军东征就是赞吉和努尔丁的军事胜利所引发的。1147年，法兰西和德意志国王率领的两支大规模的远征军出发前往

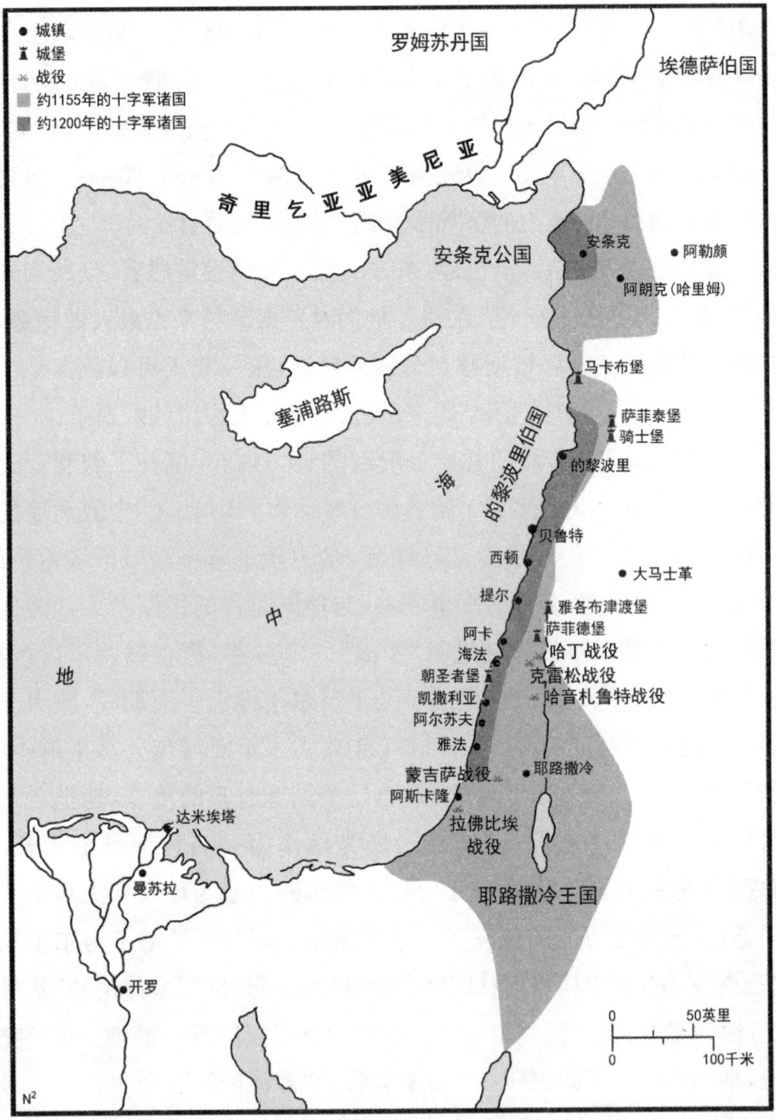

地图1　圣地,1099—1291

(本书地图皆为原书地图,下同)

圣地。同一时期，其他军事远征军正在伊比利亚半岛与穆斯林作战，或在波罗的海沿岸的德意志北部地区与异教徒作战。其中只有伊比利亚半岛的远征能称得上成功。

第二次十字军东征在圣地的失败很大程度上源于计划不周。十字军队伍通过陆路前往君士坦丁堡，与皇帝发生争执。之后，军队在穿越小亚细亚时被突厥人打得支离破碎。只有极少数战士抵达圣地，因此无法对穆斯林展开野战。为数不多的十字军战士与巴勒斯坦的法兰克人试图攻占大马士革，以阻止努尔丁得到它。但围城失败了，1154 年，大马士革人接纳努尔丁成为这座城市的主人，因为他们想要得到他的保护，来对抗十字军。

第二次十字军东征的失败让西欧的基督徒大失所望，整整一代都没有向东方派遣大规模的远征军。即便是埃及和大马士革在 1174 年之后的统治者萨拉丁造成的明显威胁，也没有促使欧洲发动东征。

直到 1187 年萨拉丁征服了耶路撒冷王国，第三次十字军东征才展开。这次十字军东征的确达成了一项停战协议（1192），巴勒斯坦海岸的一些领地被归还给了基督徒。在十字军东征期间，十字军战士和耶路撒冷王国的巴勒斯坦的法兰克人从拜占庭的希腊统治者手里夺得了塞浦路斯岛，并定居下来。他们成为该岛的新领主，获得统治权。这个岛是重要的贸易中心，也成了十字军重要的中转站。岛上的居民还为大陆上的十字军提供粮草。然而，十字军并未重新夺取耶路撒冷。因为他们知道，即使他们攻克了这座城市，也无法抵御联合起来的伊斯兰人。

第三次十字军东征同样遇到了糟糕的运气和领导者之间敌对的问题。这次东征由蒙费拉（在意大利）侯爵康拉德（Marquis Cornad of Montferrat），法兰西国王腓力二世、西方的皇帝腓特烈・巴巴罗萨(Frederick Barbarossa),以及英格兰国王理查一世——如今常被称作“狮心王”理查——率领。皇帝腓特烈在通往圣地的路上——奇里乞亚亚美尼亚王国内去世,他在过河的时候溺亡。蒙费拉的康拉德被暗杀——据说幕后主使是英格兰的理查一世。而法王腓力二世与英王理查发生争执,腓力返回法兰西,留下勃艮第公爵于格三世(Hugh III)指挥法兰西军队。公爵和理查又起争端——公爵抱怨理查不愿借钱——双方还互相唱侮辱对方的歌曲。最终,在与萨拉丁达成一项停战协议,并(尽管他们已经没有耶路撒冷的统治权了)安排耶路撒冷女王伊莎贝拉(Isabel)与香槟伯爵亨利结婚——两人分别是理查的堂亲和外甥*——之后,理查踏上了返回英格兰的路途。

1192 年收复的耶路撒冷王国要比 1187 年以前的领地小得多。它由一段海岸线的延伸部分组成,首都是阿卡港[今以色列的阿克里(Akko)]。

第二阶段:穆斯林不和,法兰克人收复失地

从 1193 年萨拉丁去世,至 1260 年,与十字军诸国接壤的穆斯林势力陷入分裂之中。一开始,由萨拉丁(阿尤布)家族不同成员统治的阿勒颇、大马士革和埃及经常相互攻击;借着这个机会,法兰克人在其中挑唆,推波助澜。1250 年,埃及发生了政权更迭,曾为苏丹服务的精英奴隶战士——马穆鲁克人夺取了政权(见沙贾·杜尔的“人物传略”)。彼时,阿勒颇和大马士革依然在阿尤布家族统治下,法兰克人还可以与敌人周旋。

---

* 伊莎贝拉的父亲和理查的父亲同属安茹一脉,而亨利的母亲是理查同母异父的姐姐。

在1193年和1260年之间，十字军与敌方再次达成了停战协议，之后他们试图发动远征收复新领土，然后又签订了新的停战协定。

其中有些远征获得了成功，有些则惨淡收场。1202—1204年的第四次十字军东征，针对的目标是君士坦丁堡。他们在当地建立了一个拉丁（或大公）基督教皇帝统治的“君士坦丁堡的拉丁帝国”。无论改变目标的原因是什么（关于这一点，自从这次东征发动以来就一直争论不休），十字军领袖告诉当时的教皇英诺森三世，控制君士坦丁堡将有助于圣地的十字军诸国。然而，事实上这个拉丁帝国很快就开始缩水，只剩下君士坦丁堡周边的一小块区域。1261年，巴列奥略家族的米海尔八世攻陷该城，重新恢复了拜占庭帝国。1212年的儿童十字军，也就是我们如今说的由法兰西北部和莱茵兰的年轻人和成年人发起的民众运动，在到达圣地之前就瓦解了。1218年，第五次十字军东征在一开始取得了成功，但机会在教皇特使——试图掌控十字军的教皇代表——和坚持应由自己掌控军队的世俗贵族们之间的争吵中丧失殆尽。1228—1229年，皇帝腓特烈二世通过与埃及苏丹卡米尔谈判，收复了耶路撒冷。这个成果不是通过战争获得的（见腓特烈二世的“人物传略”）。当时，皇帝被处以绝罚，这意味着他与基督教社会脱离联系，圣地的军事领袖也被不允许与他来往。他们中的一些人怀疑皇帝签订的休战协议是否符合他们的利益。事实上，一些现代历史学家认为，相比起保护圣地，腓特烈二世更关心的是保护他在西西里王国的商业利益。

10年之后，又有两支远征军前往东方，他们最终同样以签订停战协议来确保巴勒斯坦的法兰克人的领地安全。大约10年后，又有一支十字军前往东方，这是由法兰西国王路易九世率领的。

引人注目的是，在这一时期，十字军领袖们的战略从原来简单地保卫圣地转变为攻击埃及。这一战略起源于12世纪60年代耶路撒冷国王阿马尔里克。“狮心王”理查曾于1192年计划攻打埃及，但没能说服全体十字军跟随他共同前往。第五次十字军东征的领袖们和路易九世都相信，如果他们能征服埃及，就能牢牢地控制住圣地。然而，虽然他们可以占领几个要塞或城市，但没有一支十字军能够攻占埃及。

在此期间，在东方拉丁诸国中的法兰克人遭遇了一系列的挫败。1244年，他们永远地丢掉了耶路撒冷，接着，法兰克人的军队在耶路撒冷王国南部的拉佛比埃（La Forbie）战役中被一支埃及军队所摧毁。但总体来说，在这一阶段法兰克人属于强势的一方。耶路撒冷王国从远东和欧洲途径本国的港口贸易中获得了丰盛的财富。法兰克人统治者能够负担雇佣兵、建造堡垒的费用，城镇兴旺，商人每年都从西欧来这里做生意。⑨

第三阶段：穆斯林在马穆鲁克人的统治下联合起来

13世纪上半叶，来自如今蒙古地区的游牧民族蒙古人横扫中亚，攻击东欧。1258年，他们占领了巴格达，13世纪60年代初期又攻克了阿勒颇和大马士革。基督教统治者必须决定是与蒙古人谈判，还是冒着被蒙古人毁灭的代价与之战斗。1247年，奇里乞亚亚美尼亚王国的基督教国王海屯一世（Hetoum）与蒙古人谈判，并于1253—1256年拜访了在哈拉和林（Karakorum）的蒙古大汗。1254年，海屯一世的女儿西比拉（Sybilla）嫁给了的黎波里[今黎巴嫩（Lebanon）的塔拉布拉斯（Tarābalus）]和安条克的博希蒙德六世亲王，而博希蒙德也与蒙古人达成了协议。与之相较，耶路撒冷王国的领导人决定保持中立，既不帮助蒙古人，也不站在马穆鲁克人一边。然而，1260 年 9 月，埃及的马穆鲁克苏丹忽秃思（Qutuz）在加利利（Galilee）的阿音札鲁特（Ain Jālūt）击败了蒙古人。这一决定性的胜利将十字军诸国和埃及从蒙古人手中拯救了出来，但也让马穆鲁克人接管了曾与之敌对的阿勒颇和大马士革。现在，十字军诸国陷入包围之中，在之后的 30 年里，马穆鲁克的将军们占领了一个接一个要塞和一个又一个城市，直到十字军诸国沦落到仅局限在几个排布在海岸线的要塞城市的程度。

耶路撒冷王国已经陷入了经济衰退。从 1256 年开始，意大利的商业城邦热那亚、威尼斯和比萨之间的战争破坏了贸易，而贸易是十字军诸国的命脉。蒙古人对中亚的征服是对贸易的进一步打击。对商人来说，穿越叙利亚的旅程变得过于危险，他们只能选择更往北通过黑海的路线。[10]马穆鲁克人连年的战争摧毁了十字军诸国的农业和基础设施。他们采取的焦土政策摧毁了一切，法兰克人再也不能像 1189—1192 年的第三次十字军东征那样重整旗鼓。当时的萨拉丁允许防守要塞和城镇的基督徒在投降后安全离开，而马穆鲁克人不同，他们攻占要塞和城镇后，通常会杀死防守者。萨拉丁的政策原本是用来促使防守方快速投降的。马穆鲁克人依赖优越的攻城器械来迅速占领要塞，而且目标是彻底摧毁敌人。

1291 年 5 月，阿卡——耶路撒冷王国的首都——被马穆鲁克苏丹阿什拉夫・哈利勒的军队攻陷。城里的一些人想方设法通过地中海逃到了塞浦路斯，而剩下的人要么丧命，要么成为俘虏。塞浦路斯一直是独立的基督教王国，直到 1571 年被奥斯曼土耳其人征服，但基督徒永远丧失了大陆上的领地。之后，他们又制订了许多方案来收复圣地，但都无果而终。

图 1　马卡布(马尔加特)城堡,叙利亚。1186 年,它被耶路撒冷的圣约翰骑士团买下。1188 年,萨拉丁认为它坚不可摧,甚至没有动过围攻它的念头。最终,它于 1285 年被埃及的苏丹嘉拉温(Qalawun)攻占

为什么十字军远征圣地会失败?

尽管十字军的第一次东征获得了成功,但之后再也没有一次东征取得类似的成果,其主要的原因是,伊斯兰再也没有出现像 11 世纪 90 年代那样能够为十字军利用的分裂。从某种意义上看,第一次十字军东征杀了伊斯兰一个措手不及。公元 1100 年以后,为应对来自西方的攻击,东方的伊斯兰势力作了更多的准备。

那些诸如努尔丁、萨拉丁般的强人将他们指挥下的各部落民族联合起来，敦促他们以真神之名与入侵者战斗，捍卫自己的信仰。1260 年以后，阿勒颇和大马士革都落入马穆鲁克人的掌控之中，马穆鲁克苏丹拜巴尔一世在埃及执掌大权（见“人物传略”），在拜巴尔强大的统治和决心面前，十字军诸国危如累卵。

相较之下，巴勒斯坦的法兰克人则陷入分裂，缺乏强有力的领导。在之后的十字军东征过程中，像第一次十字军的领导人之间那样的合作情形再也没有出现过，尤其是第三次东征。1225—1268 年间，耶路撒冷国王不在东方居留。东征的军队往往处于各自为政的状态，他们的领袖也不具备在东方的实际政治和军事经验，无法对抗穆斯林的军事战术。因此，尽管 1189—1192 年之间，十字军能够遏制萨拉丁的势头，还能在某些时期重新夺回一些领地，但他们是无法获得长期成果的。

第一次十字军东征还获得了拜占庭皇帝的支持，但在第二次东征期间（1147—1149），十字军不信任皇帝，甚至在第三次东征期间（1189—1192），皇帝竟然与萨拉丁结成同盟——这也是第四次东征（1202—1204）攻打君士坦丁堡的原因之一。而在第四次十字军东征之后，流亡的希腊人皇帝们想的是如何削弱，而不是如何帮助东方的拉丁诸国，因为他们意欲将君士坦丁堡夺回来。

然而，西欧对十字军诸国的支持也的确减少了，尤其是在 1250 年以后。东方的十字军诸国总是缺乏武士。他们的补给线很长；虽然一些产品，比如糖，能够自给自足，但巴勒斯坦的法兰克人更愿意从欧洲进口战马之类的必需品。1250 年之后，贸易路线中断了，到了 13 世纪晚期，越来越少的人踏上东征的旅途。这种状况的原因并不是人们反对十字军——在整个中世纪，该项事业一直吸引着人们的支持——而是因为出现了其他的十字军活动。比如,有教皇涉足其间的西西里的战争。从1250年开始,几任教皇都认为,在派遣军队攻打穆斯林之前,必须先要解决西西里的政治困局,所以,他们宣称在西西里发动的战争是十字军行动,还鼓动那些想成为十字军战士的人前往西西里,而不是东方。

与此同时,在传统上热衷于十字军运动的西欧国王们深陷于更加紧迫的国内问题。13世纪时,英格兰国王们与贵族们发生了争执,使他们无法脱身前往东方;此外,他们还与法兰西国王产生了领地争端。例如,虽然爱德华一世在即位以前参加了东征,但当上国王以后就再也无法率领十字军了。法王路易九世曾两次率军前往东方对抗穆斯林,但他的继任者们再也没去过。

对于东方采取何种策略呢?这也是个问题。路易九世在1248—1254年之间的首次东征失败,让人看清了前往圣地的大规模远征乃是无用之举,所以西欧人丧失了对其投入的兴趣。他们宁愿发动小规模的远征行动,但面对团结的伊斯兰世界和强大的军队,以及精良的攻城器械,这些行动是没办法取得多少成果的。在公元1300年之前的某些时间里,有人曾寄望蒙古人帮助拉丁基督徒收复圣地的领地,但实际上双方无法在战役上取得协调配合。[11]当时人们相信一切人间事务都由上帝所掌控,因此西方的基督徒将穆斯林的成功归咎于生活在圣地的基督徒同胞,称他们一定是罪人,上帝抛弃了他们。

十字军运动在1291年以后依然在持续着,但它的形式变得更加多样化,所取得的成就也不像1291年以前的十字军那样引人注目。接下来的章节,我们将介绍其他进行十字军运动的地域。

注释：

① 关于中世纪正义战争和合法战争的理念，见 Frederick H. Russell，*The Just War in the Middle Ages*（Cambridge and New York：Cambridge University Press，1975）；Maurice Keen，*The Laws of War in the Late Middle Ages*（London：Routledge，1965）。

② H. E. J. Cowdrey，"The Peace and Truce of God in the Eleventh Century，" *Past and Present* 46（1970）：42 - 67. 亦可参见，例如 Marcus Bull，*Knightly Piety and the Lay Response to the First Crusade: The Limousin and Gascony*，*c. 970—1130*（Oxford and New York：Oxford University Press，1993），pp. 21 - 69。

③ Ian S. Robinson，"Gregory VII and the Soldiers of Christ，" *History* 58（1973）：169 - 192. 亦可参见 H. E. J. Cowdrey，"Pope Gregory VII and the Bearing of Arms，" in Benjamin Z. Kedar，Jonathan Riley-Smith，以及 Rudolf Hiestand，eds.，*Montjoie: Studies in Crusade History in Honour of Hans Eberhard Mayer*（Aldershot，Hants.，and Brookfield，VT：Variorum，1997），pp. 21 - 35。

④ Carole Hillenbrand，"The First Crusade：The Muslim Perspective，" in Jonathan Phillips，ed.，*The First Crusade: Origins and Impact*（Manchester and New York：Manchester University Press，1997），pp. 130 - 141，此处见 pp. 134 - 135。

⑤ 相关估计，参见 John France，*Victory in the East: A Military History of the First Crusade*（Cambridge and New York：Cambridge University Press，1994），pp. 355 - 356。

⑥ 关于十字军的胜利原因，参见 France，*Victory in the East*，pp. 367 - 373。

⑦ Hillenbrand，"The First Crusade，" pp. 134 - 136.

⑧ Carole Hillenbrand，*The Crusades: Islamic Perspectives*（Edinburgh：

Edinburgh University Press，1999)，pp. 112 - 195.

⑨ Peter Edbury，“The Crusader States，” in David Abulafia，ed.，*The New Cambridge Medieval History*，vol. 5，c. 1198 - c. 1300 (Cambridge and New York：Cambridge University Press，1999)，pp. 590 - 606，此处见 pp. 596 - 597。

⑩ Edbury，“Crusader States，” pp. 602 - 603.

⑪ Silvia Schein，“Gesta Dei per Mongolos 1300：The Genesis of a Non-event，” *English Historical Review* 94 (1979)：805 - 819.

第二章
伊比利亚半岛的远征

伊比利亚半岛的十字军运动源于“收复失地运动”(reconquista),也就是从穆斯林手中“再征服”半岛的运动。显然,伊比利亚半岛上的拉丁(大公)基督教王国的统治者是利用“再征服”这个概念,来赢得臣民对针对穆斯林采取军事行动的支持,同时也获取半岛以外的支持。由于基督教的理念中禁止侵略战争,因此这场战争不得不被描述成“再征服”,即收复那些曾经属于基督徒的土地。如果国王宣称自己进行的是一场侵略战争,就不会获得教会的支持——帮助他们征募大量的基督教武士。

从现代的观点看,这场战争并非所谓的“再征服”。卡斯提尔的阿方索六世(逝于 1109 年)正式拉开征服战争序幕的时间,已经是信奉基督教的西哥特人被北非穆斯林击败 300 多年以后了。然而在中世纪,西欧的基督徒相信这就是一场再征服运动,就像他们相信圣地确实属于基督徒一样。

“再征服运动”的背景

西哥特人的遗产

伊比利亚半岛曾属于罗马帝国,在 4 世纪,那里的人民与罗马帝国的其他地方一样皈依了基督教。自5世纪下半叶始，西哥特人——一群来自东欧的哥特部落的移民统治着这里。在这之前，他们被驱赶出自己的故土，如避难者一般进入罗马帝国的领土。经过多次迁徙，他们征服了伊比利亚半岛，还建立了自己的政权，拥立了国王，定都托莱多(Toledo)。

西哥特人建立自己的王朝，拥有自己的艺术和文化。在他们统治之下，半岛出现了和平，学术得到发展，创造出了许多伟大的作品。伟大的学者塞维利亚的伊西多尔(Isidore of Seville，逝于636年)就在西哥特人的统治下取得了丰硕的成就。然而，这个社会在发展之初就存在着严重的分裂。西哥特人是阿里乌斯派基督徒(Arian Christians)，不是大公基督徒；他们不相信基督(圣子)与圣灵能够与圣父处于同一位格。伊比利亚半岛上的大多数人民不是西哥特人，而是西班牙—罗马人的血统和大公基督徒。统治西班牙的西哥特人宛如军事化的宗教异端精英，掌控着大公教会的罗马人民。后来，他们察觉到皈依大公教会的政治利益；如果他们能与教会合作而不是与之对抗，就能更好地控制人民。587年，国王雷卡雷德(Reccared)皈依了大公教会。从此，同属于大公教会的主教与国王合作融洽，带来了7世纪时西欧的西哥特政局异乎寻常的稳定。

根据考古证据显示，这幅平和、繁荣的时代图景突然走向了终结。而文字记载没能提供多少提示信息。如今的一些历史学家认为，虽然8世纪早期曾出现了两位西哥特国王相互征伐的迹象，但关于西哥特人不同派系间争斗的报道是后世的作家编造的。[①] 无论如何，大约711年，来自北非的阿拉伯人和柏柏尔人(Berbers，他们是新近皈依的伊斯兰教徒)入侵了伊比利亚半岛。西哥特国王罗德里克(Roderic)战死，西哥特政权垮台。阿拉伯入侵者攻陷托莱多，建立了自己的政权。在建立了国家之后,他们继续向北进入高卢,但他们在战争中被击败,最终只占据了伊比利亚半岛。他们将该地区称为安达卢斯(al-Andalus)。

阿拉伯人像此前的西哥特人一样管理着国家。学术继续发展,许多基督徒和犹太人也被允许参与政务。基督徒和犹太人还被允许保留原有的信仰,不过需要额外缴纳一些税,这些税对穆斯林是免除的。他们适应了穆斯林的习俗,但没有改变信仰。自756年始,安达卢斯与伊斯兰世界的其他地方独立出来,而到了929年以后,安达卢斯的穆斯林有了自己的哈里发,也就是拥有政治权威的宗教领袖。

然而,半岛的北部地区从未被穆斯林所征服。基督教阿斯图里亚斯(Asturias)王国一息尚存。这是一个多山的区域,当年的西哥特人都无法完全掌控,穆斯林也只能徒呼奈何。在基督徒和穆斯林之间有个边界地带,不属于任何一方所有,没有任何一方的领袖可以宣称对它加以控制。

基督教诸国的早期扩张

起初,基督教统治者缺乏钱粮和军队,无法进攻穆斯林,同时穆斯林也无法轻易地攻击受到群山庇佑的基督徒。不过,基督徒们可以迁往不受穆斯林所控制的地区,在未开垦的土地上定居。至公元900年,他们的领地向南扩展到了杜罗河(River Duero)。基督教定居者修建了城堡和设防城市来保护这条边界线,将这个边界地带维持了一个世纪之久(见地图2)。

这些基督教国王们宣称自己是西哥特人的继承者,极力证明向南扩展的合法性。在中世纪人的眼中,西哥特国王是权力的正当所

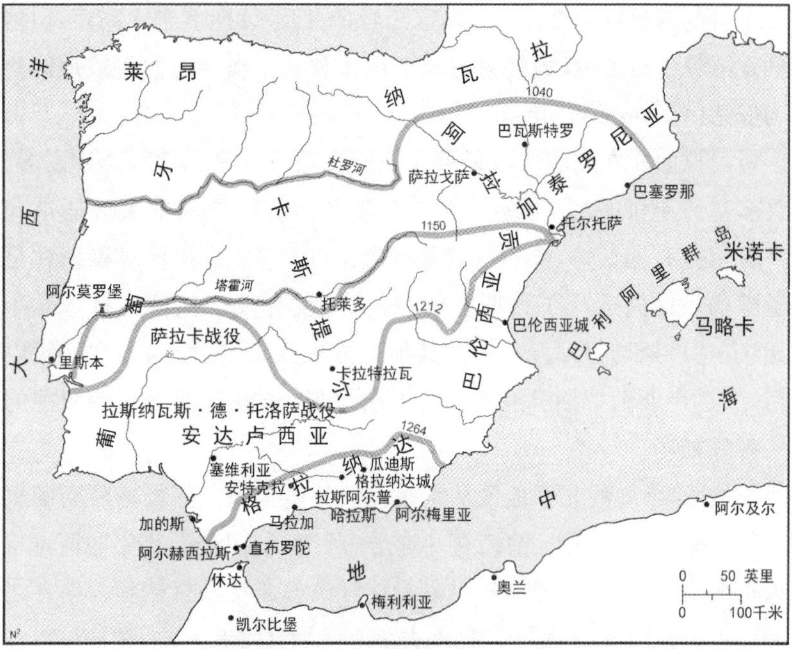

地图 2　“再征服”期间的伊比利亚半岛，显示了 1040 年、1150 年、1212 年和 1264 年时基督徒和穆斯林地区间的大致边界，参考 Angus MacKay, *Spain in the Middle Ayes: From Frontier to Empire*, *1000—1500*（Basingstoke：Macmillan, 1977）, p. xiv

有者，因为他们的权威是罗马皇帝赐予的。通过与西哥特人建立相关性，拉丁基督徒统治者就可以将自己描述为伊比利亚半岛的合法统治者。“我们是新西哥特人，”他们宣称，“延续着昔日西哥特人的政权、文化和辉煌。”这些说辞是西班牙的基督徒作家在 9 世纪后期写就的。他们写道，西哥特人被击败了，但半岛北部的新王国延续了传统，是西哥特人的天然继承者。将穆斯林赶出半岛是上帝的旨意，而且上帝将会帮助基督徒达到这个目的。

事实上，北方的诸国并非西哥特人的国家；它们的国王是抵抗西哥特人的阿斯图尔人(Astures)和苏维汇人(Sueves)的后裔。但是,宣称自己是强大的西哥特人的后裔,能够使得他们称王的行为更具合法性,而且还能鼓励臣民们支持他们,相信上帝将保佑他们获得胜利。②

11 世纪早期,安达卢斯的伟大统治者们去世,没有留下合适的继承人。1002 年,曾多次成功地率领军队深入北部基督教地区取得军事胜利的维齐尔曼苏尔(al-Mansūr)去世了,而他的儿子阿卜杜·马利克·穆扎法尔('Abd al Malik al Muzaffar)也于 1008 年亡故。他们所效忠的哈里发,或者他们以哈里发的名义所进行的统治都缺乏必要的权力和威望,无法让整个国家团结起来。1031 年,一场政变将哈里发赶下了台,王朝走向终结。穆斯林统治的西班牙分裂成"泰法"(*Ta'ifah*)诸国——"帮派国家"(party states),他们是抱持着不同的民族认同的族群,比如柏柏尔人在南部海岸就建立了一个国家。这些小国都有自己的国王。他们互相争斗,也就没能结成统一战线来对抗基督徒的攻击。

基督徒统治者利用了这种鹬蚌相争的关系。他们与穆斯林统治者结盟、收取一种被称为"帕里亚斯"(*parias*)的贡物,如此一来,他们便会帮助穆斯林攻击敌人,或者承诺不实施攻击。帕里亚斯制度被恰当地看作一种"非法的保护费"。③它是基督教统治者重要的收入来源,他们用它建起了圣人的圣祠、教堂和修道院。与之相反的是,支付帕里亚斯的沉重负担迫使穆斯林国王转而向臣民们收取重税,导致了底层的不安和反叛。

这种情况与中东的十字军遇到的有些相似,法兰克领主们与穆斯林也会为了共同利益结成同盟。就像中东的情况,伊比利亚半岛的基督徒统治者也会与穆斯林结盟,对抗其他基督教徒。在半岛的基督教和伊斯兰诸国内部，臣民们虽然宗教信仰不同，但也会和睦共处。穆斯林统治者并未强制基督徒改宗伊斯兰教。而基督徒国王占领了穆斯林的领地时，通常也会允许穆斯林保持宗教信仰和法律，清真寺也继续开放。基督徒国王们不得不对穆斯林臣民抱持着宽容的态度，因为在新征服的土地上往往没有基督徒移居。十字军诸国中的法兰克人遇到的也是相同的问题。

再征服运动

11世纪，伊比利亚半岛上主要的基督教王国有莱昂(León)、卡斯提尔和阿拉贡。同时，在葡萄牙和巴塞罗那还有一些独立的郡国。虽然基督教国家得以向南拓展的契机是伊斯兰国家的软弱，但还有一部分原因是他们自身领土内的王朝争端。[4]因此，南进行动是基督教西班牙王国中那些有权有势的人组织起来的：主教、贵族、修道院院长等，他们是土地的所有者，也是殖民计划的组织者。

11世纪70年代，卡斯提尔国王阿方索六世开始组织他的殖民计划。这些计划是为了给定居点增加人口，让它们免受穆斯林的攻击，同时还可以组织他们参加对抗穆斯林的军事行动。同时他还展开军事行动来攻取穆斯林的领地。他把此次征服战争描述成一场“再征服运动”，因为这些土地在公元711年之前是属于基督徒的。1085年，阿方索六世攻占托莱多，在穆斯林占领以前，这个地方原是西哥特人的首都。这场胜利既收获了土地，也是一项重要的宣传成果。因为统治了托莱多，阿方索不仅能将自己描绘为西哥特人的继承者，还可以称自己是允许西哥特人在伊比利亚半岛建立基业的罗马皇帝的继承人。他将首都迁到了托莱多，自称为“皇帝”。他还鼓励西欧各地的学者搬到这里，使用这里的古典图书馆。学者们蜂拥而来，阅读图书馆里古希腊著作的阿拉伯译本，以及阿拉伯的科学和哲学著作，还把它们翻译成拉丁文，让西欧的基督徒得以阅读。⑤阿方索六世极力将自己塑造为一位伟大的欧洲统治者，他为王国引进了西欧的文化和宗教习俗，将旧时的西哥特习俗和被穆斯林政权“污染”的西班牙习俗涤荡一空。

十字军运动

教皇们的支持也促进了“再征服运动”，因为这种支持有利于招募更多的战士来西班牙参战。现存最早的获得教皇支持的例子，可以与1064年对巴瓦斯特罗城的远征联系起来。教皇亚历山大二世当时写了一封信宣称，那些有意前往西班牙的人所行的即告解罪行，但他们不必进行任何补赎，因为西班牙远征本身即补赎。这封信中所指的战役是否就是巴瓦斯特罗战役，历史学家们并未达成一致意见，⑥然而，这封信确实说明教皇对基督教战士前往西班牙表示支持。巴瓦斯特罗的征服得到了诺曼人、阿基坦人、勃艮第人和其他法兰西战士的协助，这表明了伊比利亚半岛之外的西方基督徒确实参与了“再征服运动”。

第一次十字军东征（1095—1099）以后，教皇帕斯卡尔二世（Paschal II）认定，在伊比利亚半岛与穆斯林战斗的武士，也能像去了耶路撒冷的那些一样，得到补赎的功业。他之所以这么做，是因为伊比利亚王国的国王们向他抱怨，国内的边界线上需要人手，但战士们却只想到耶路撒冷去。由此，在穆斯林是西班牙的威胁的情况下，教皇帕斯卡尔禁止西班牙骑士参加十字军东征。在教皇的鼓励下，12世纪的头几十年间，西欧的基督教开始普遍将西班牙的边境地区看作十字军运动的目的地。

教皇的支持，也让伊比利亚的基督徒统治者获得了更多的军事援助。从12世纪20年代起，葡萄牙、卡斯提尔和阿拉贡的统治者都想要说服刚出现的军事修会——圣殿骑士团和医院骑士团——前往伊比利亚半岛接管战略要地的城堡防御任务。他们还希望这些军事修会能够提供军队，帮助他们打击穆斯林。确实，圣殿骑士团和医院骑士团来到了半岛，入驻了好些城堡，但它们提供不了基督徒统治者所需的兵力。因此，半岛的基督徒统治者成立或批准成立了当地的军事修会——其中最著名的当属卡拉特拉瓦骑士团（Order of Calatrava）和圣地亚哥骑士团（the Order of Santiago）。他们与基督教统治者合作，提供军队和资金，并受到国王的严密控制。

伊比利亚半岛的国王们也会趁前往东方的远征军途径当地时发起战争，让十字军参与其中。比如，1147年，葡萄牙的阿方索一世·恩里克（Afonso I Henrique）利用大批十字军绕过半岛前往圣地进行东征的机会，攻击了穆斯林控制的城市里斯本。进攻获得了成功。1189年，葡萄牙的桑丘一世（Sancho I）以同样的方式利用了第三次十字军东征的军队。

与西欧其他地方一样，伊比利亚半岛的统治者也亲自参与十字军东征，并前往圣地。阿拉贡国王海梅一世（见“人物传略”）首倡东征之旅（虽然他半路便返回了），他的私生子们抵达东方，并参加了战斗。所以，在其他欧洲基督徒的眼中，伊比利亚半岛的统治者是密切参与东征、在上帝之战的重地与上帝之敌对抗的人物。

图 2　阿尔莫罗(Almourol)城堡,葡萄牙。该城堡建在塔霍河(River Tagus)中的小岛上,12 世纪被委托给圣殿骑士团,由他们保护该地区免受穆斯林的攻击

穆斯林复兴：阿尔摩拉维德王朝与穆瓦希德王朝

自从 1085 年丢掉了托莱多,塞维利亚的穆斯林统治者就开始向北非的柏柏尔阿尔摩拉维德人求助。阿尔摩拉维德人是虔诚而激进的穆斯林,决意要同异教徒对战。阿尔摩拉维德王朝掌控了安达卢斯,并在萨拉卡战役中击败了阿方索六世,遏制了基督徒南进的步伐。他们还成功地让安达卢斯的穆斯林在某种程度上团结了起来。但到了 12 世纪 40 年代,他们对当地失去控制,安达卢斯再次陷入分裂。之后,穆瓦希德人代替了阿尔摩拉维德人在安达卢斯的地位。

他们是一个柏柏尔人的部落联盟，是由一位名为伊本·图马特(Ibn Tumart)的宗教领袖在如今摩洛哥的所在地成立的。伊本·图马特鼓吹道德改革的必要性——对生活方式怀着非常严苛的态度。而且，相较于基督教的三位一体观念，他对真神的合一性尤其强调。他的发迹源于对阿尔摩拉维德人的战争。在他眼里，阿尔摩拉维德王朝是腐败的，已经世俗化了。他的追随者穆瓦希德人击败了阿尔摩拉维德人，于1147年推翻了后者在北非的政权。之后，他们入侵安达卢斯，并于1154年征服了格拉纳达。他们的哈里发迫使塞维利亚的阿尔摩拉维德统治者投降，并于1172年接掌了安达卢斯的政权。穆瓦希德人并未止步于此，接下来他们还打败了半岛上的基督徒国王们，挡住了基督徒扩张的势头，重新夺回了领地。不过，作为柏柏尔人和外来者，穆瓦希德人在安达卢斯不受欢迎。⑦

1212年，穆瓦希德王朝的哈里发纳赛尔(al-Nāsir)率领的军队在拉斯纳瓦斯·德·托洛萨会战中被基督徒的西班牙联军击败。其他穆斯林转投基督徒领主的怀抱，寻求军事援助来对抗穆瓦希德人，所以，穆瓦希德人对安达卢斯的控制被打破，很快就瓦解了。同一时期，北非也发生了叛乱，摧毁了穆瓦希德人在南方的帝国。

1212年以后的“再征服运动”

在赢得拉斯纳瓦斯·德·托洛萨会战的胜利后，半岛的基督徒君主们迅速将权力扩展到南部地区。1229—1240年，阿拉贡国王海梅一世(1213—1276年在位)征服了巴利阿里群岛和巴伦西亚——正如时人所描述的那样：“世界上最好和最美丽的国度”(见“文献11”)，那是一个富有的王国，拥有许多繁荣而防守严密的城市。至1248年，阿拉贡—加泰罗尼亚王国控制了西班牙地中海沿岸的大部分地区，无论在军事还是在贸易方面，都成了地中海的强大势力。在1250年之前，葡萄牙的诸王们就已经攻占了阿尔加维（Algarve）。1243年，穆尔西亚（Murcia）的穆斯林国王成了卡斯提尔王国的附庸，1246年，格拉纳达的埃米尔也紧随其后，不过此时的格林纳达王国依然保留了自治权，实际上还是独立的。卡斯提尔国王在1248年征服了塞维利亚，在1250年占领了著名的加的斯（Cadiz）港，并于13世纪60年代征服了安达卢西亚。至1300年，伊比利亚的基督教统治者已经征服了除格拉纳达以外的整个半岛（见地图2）。

格拉纳达也许能被逼着朝贡，但无法被征服。它的军事力量很强，城堡和瞭望塔组成的防御体系很坚固，基督徒很难突袭成功。从地理位置看，它是一个山区，距离基督教统治者的首都比较遥远，但离北非的补给却很近。还很容易获得来自突尼斯和摩洛哥的军事援助。1308—1310年，卡斯提尔和阿拉贡的国王们对格拉纳达发动了一次十字军行动，但只收获了一场窘迫的失败。不过，对于伊比利亚半岛的基督徒来说，格拉纳达王国并非全无益处。该国的埃米尔有时会与基督徒结盟来对抗北非的穆斯林，比如13世纪70年代，当时的埃米尔就与卡斯提尔共同对抗摩洛哥。他们还曾与基督徒一起对抗其他基督徒，比如在1293—1303年间，当时的埃米尔就与阿拉贡国王海梅二世结盟，对抗共同的敌人卡斯提尔。

对于基督徒控制的沿海地区来说，阿拉伯海盗是严重的威胁，他们发动袭击、抓获俘虏，并把人当作奴隶出售。卡斯提尔国王阿方索十世（人称“智者”，1252—1284年在位）为了与他们斗争，组建了一支新的海上军事修会［圣玛利亚骑士团（the Order of Santa Maria）］。同样，北非的阿拉伯人也受到了基督徒海盗的袭击。两边的统治者经常签订协议，保证不让本方的臣民劫掠对方。但这些协议似乎不太有效。

在卡斯提尔和格拉纳达的交界线上，突袭和反击持续着。在14世纪20年代，格拉纳达人成功入侵卡斯提尔，俘虏了不少人。格拉纳达的埃米尔与当时也将矛头指向卡斯提尔的摩洛哥结成了同盟。1339年，卡斯提尔的阿方索十一世发起反攻，海陆双线作战，取得重大进展。在教皇的认可下，他的这场战争被当作十字军运动来宣传，因此十字军战士从西欧各地赶来加入其中。1340年，他在萨拉多(Salado)赢得重要一战，保证了对直布罗陀海峡的控制权，也就保证了对海上交通的控制。1344年，经过两年的围攻，他占领了阿尔赫西拉斯(Algeciras)城。阿方索于1350年在围攻由摩洛哥王国控制的直布罗陀时去世。而到了1407年，攻击格拉纳达的战端再起。虽然此次基督徒一方的军事努力因卡斯提尔的内部政治动荡而受阻，但他们成功地占领了安特克拉(Antequera)。[8]

和平共存

尽管冲突仍在持续，但在信奉基督教的西班牙内部，基督徒、穆斯林和犹太人也曾和平共处。穆斯林可以维持他们的信仰，清真寺保持开放的状态。即便在阿拉贡人征服巴伦西亚王国以后，该国人口依然以穆斯林为主。穆斯林并非总能对基督徒的统治表示满意，他们发动了多次叛乱，还有许多人逃到了北非。13世纪60年代，安达卢西亚的穆斯林发动叛乱，后来他们被赶出了半岛。不过，双方当然也有合作的时候。比如，阿方索十世的贵族们曾试图对国王施加压力，他们前往格拉纳达向穆斯林的国王寻求庇护。阿方索本人对阿拉伯学术颇有兴趣。他招募历史学者撰写了卡斯提尔史，其中用到的阿拉伯文史资料和拉丁文资料等量齐观。呈献给他的天文学和科学作品都是以阿拉伯著作为基础的。而且，有些时候穆斯林国王雇用基督徒士兵，同样穆斯林士兵也为基督徒王国而战。

在基督徒和穆斯林的边界上从不缺乏争斗，但很少发生全面的战争。通常只是一些小规模的袭击和冲突。拉丁基督徒骑士来到西班牙与穆斯林作战，以此赢得荣誉和赦免他们的罪——这场东征可比到地中海东部的长途远征容易得多。14 世纪晚期，英国诗人杰弗里・乔叟（Geoffrey Chaucer）就曾在他的《坎特伯雷故事集》（*The Canterbury Tales*）中想象出一个要去格拉纳达与穆斯林作战的骑士角色。编年史家让・傅华萨（Jean Froissart）写道，格拉纳达是最卓越的基督徒骑士们汇聚的地方。[9] 在半岛上涌现了许多对抗穆斯林的英雄事迹，不过其实卡斯提尔的贵族们相互斗争，或者与国王相争的时间并不比与穆斯林对抗的时间少。[10]

基督徒和穆斯林生活在边界的两边，但这边界并没有成为宗教的分界线。双方虽然冲突不断，但也互相学习，相互受益。西班牙的边界既是一个划分区域，也是一个融合的区域。[11]

这是一场“圣战”吗？

伊比利亚半岛发生的战争在多大程度上可以算作一场和远征圣地完全相同的十字军运动呢？伊斯兰教和基督教的教义都认为，信徒在他们的宗教信仰受到威胁时应该进行反抗。然而，并非所有在半岛上发生的战争都能被称作“圣战”。穆斯林一方有些自愿参战的战士是将与基督徒作战视为宗教义务，但他们并不是战斗部队中的主流。阿尔摩拉维德人与穆瓦希德人将这场战争视为一场“圣战”，基督教诸王亦是如此——许多大型战役被当作十字军运动宣扬，参与其中的人能够获得十字军特赦。然而，双方的战士所奋战的目标并不仅是上帝的荣耀，还有赢取和控制土地。在进行军事行动的同时，殖民行动也在进行。

战争的结束

1410年以后，虽然小规模的军事突袭依然持续，但格拉纳达一直没有遭受过什么严重的攻击，这种情况一直持续到1460年。自13世纪中叶以来，葡萄牙就不再与伊斯兰世界有瓜葛，于是它将十字军运动的理念挪到了大西洋和北非。

从14世纪40年代开始，葡萄牙国王试图征服重新被发现的加那利群岛（古罗马时期曾为人所知，但后来就被遗忘了）。卡斯提尔的历任国王也宣称对加那利群岛享有主权，称它们原来属于西哥特人所有——但这并不是事实——所以如今该属于卡斯提尔。葡萄牙人对此表示异议。教皇许诺对进行征服远征行动的人给予十字军特赦。在15世纪早期，在卡斯提尔人的帮助下，一支法兰西的远征军在加那利群岛建立了殖民地。此次行动的“正当”理由是要让岛上的原住民改信基督教。在岛上的居民被称作“摩尔人”（Moors），这个词原用来指称西班牙的穆斯林，但实际上岛上的居民并非穆斯林，只不过是一些异教徒。

岛上的居民不是被杀害，就是被当作奴隶转卖。之后葡萄牙人再一次发起征服和殖民行动，发动占领这些岛屿的远征。这些行动的主要策划者是唐·恩里克亲王（Infante Dom Henrique），在英语世界中被称为“航海家”亨利王子（逝于1460年）。尽管他自称行动的主要目的是宗教，是让那些异教徒岛民皈依，但现代的历史学家们认为，他的真实意图是控制非洲的黄金贸易。[12] 在恩里克的鼓动下，葡萄牙探险者沿着西非海岸向南航行，寻找黄金。恩里克还赞助了葡萄牙人在马德拉群岛和亚速尔群岛的殖民活动。

1415 年，葡萄牙人围攻和占领了摩洛哥北部海岸上的休达(Ceuta)城。参与这场战争的战士们得到了十字军特赦。这些战争都可以被视为“再征服运动”，因为非洲的西北部曾是基督教世界的一部分——它曾属于罗马帝国，但在 7—8 世纪被穆斯林征服。这些征服行动也让葡萄牙人控制了黄金贸易。此后，葡萄牙人继续攻克北非海岸的其他城镇，其中包括在 1471 年占领了丹吉尔(Tangier)。

由于王国内部的政治动荡，从 1410 年至 1460 年，卡斯提尔王国在“圣战”上几乎没有投入什么精力。在和平的时期，诸王们不断要求教皇认可他们的远征属于十字军行动，这样就能以十字军赎罪券的名义获得资金。1456 年，当时来自伊比利亚半岛的教皇卡利克图斯三世(Calixtus III)同意人们为死去的人购买十字军赎罪券，当时的观念认为死者的灵魂都停留在炼狱中，大公基督徒相信，在赎罪券的帮助下，可以减少灵魂在炼狱中的时间。赎罪券的销售额巨大，筹集到的资金则被用于和伊斯兰世界的战争中。[13]

在国内动荡期间，卡斯提尔正在进行比十字军运动还要重要的、与基督徒之间的战争。1474—1479 年，卡斯提尔处于内战中。这场战争不仅涉及本国的贵族阶层，还牵扯到了葡萄牙国王阿方索五世。当时他已经与卡斯提尔女王胡安娜(Queen Juana)定下婚约，拥有坐上卡斯提尔王座的资格。战争蔓延到加那利群岛，葡萄牙和卡斯提尔原本就在那里展开了殖民和征服两个方面的竞争。这场战争从 1478 年延续到 1496 年，最终以卡斯提尔人占领了整个群岛告终。1479 年，卡斯提尔与葡萄牙媾和，卡斯提尔的伊莎贝拉与丈夫阿拉贡的费迪南继承了卡斯提尔和阿拉贡的王位。随着政治局势的稳定，1482 年，他们挑起了对格拉纳达穆斯林的战端。当时的教皇承认这场战争属于十字军运动，这就在筹集资金、招募军队两方面都起到了帮助作用。1492年，格拉纳达被攻克，战争宣告结束[见布阿卜迪勒(Boabdil)的“人物传略”]。其后，伊莎贝拉与费迪南对西班牙国内的所有非基督徒发动了宗教镇压。

虽然格拉纳拉已经被攻陷，但西班牙的十字军东征并未就此终结；北非地区尚未征服。卡斯提尔双王相信该地区也属于西哥特人原先的领地[但实际上它是另一支日耳曼人——汪达尔人(Vandals)的领地]，而且，如果征服了北非，还能够以此为跳板攻取耶路撒冷。伊莎贝拉在1504年的遗嘱中敦促丈夫为基督教世界征服北非。这场战争一直持续到1510年，费迪南攻占了一些重要城镇，如奥兰(Oran)，还成功地迫使阿尔及尔人前来进贡。但在1511年，鉴于法兰西对那不勒斯王国(费迪南的另一块领地)的威胁，费迪南中止了战争。此时，西班牙国王在北非已经很难扩大战果，因为已经占领了君士坦丁堡的奥斯曼土耳其的苏丹可以向北非的穆斯林势力提供海上军事援助。虽然葡萄牙人对该区域依然有所企图，不过1578年在摩洛哥凯比尔堡战役(Alcazar el-kebir)中的惨败打消了他们的野心。“圣战”在北非地区并未消弭，但主要的方式是海战，对北非港口进行的炮击。直到1707年，西班牙一直控制着奥兰，而直到这本书写作期间，北非海岸上的休达和梅利利亚依然是西班牙的领土。

格拉纳达的陷落还标志着伊比利亚半岛上另一种扩张方式的开启——向新世界的扩张。1492年，克里斯托弗·哥伦布在伊莎贝拉和费迪南的资助下向西航行，寻找一条通往印度和耶路撒冷的新航路。自古以来，只要受过教育的欧洲人都知道世界是个球体，人们猜想存在着其他未知的大陆，但明显，哥伦布和他的后继者们所发现的“新世界”是不可能再用“再征服”这个名头来涵盖了。于是，卡斯提尔人和葡萄牙人相信这些土地是上帝赐予的礼物。征服者见到了圣雅各(St. James of Santiago)的异象,这是一位与“再征服运动”密切相关的西班牙圣徒。他们宣称,让美洲的异教徒皈依基督教是他们的天职。虽然对新世界的探索和征服并不属于十字军运动,但无论是正当性,还是征服者的心态,历史学家都能发现这两者之间的相似之处。[14]

结论:十字军运动对半岛的影响

1085 年,征服了托莱多的卡斯提尔国王阿方索六世宣称,他的王朝是上帝亲选的,将会以整个半岛的“再征服”来完成上帝的旨意。因此,他的义务是将战争继续下去,而臣民们也有义务要帮助他。这种将卡斯提尔国王或整个半岛的统治者视为上帝所选的宣传或信仰(取决于如何解读)贯穿了整个中世纪,激励着伊莎贝拉和费迪南征服了格拉纳达,以及派遣哥伦布横渡大西洋。从 1492 年以来,它刺激了对新世界的征服行动,也激发了对犹太人、穆斯林和新教徒的迫害。通过“收复失地运动”,伊比利亚半岛的统治者还将目光投向了欧洲其他地区,并促进了这些地区将半岛视为文化学术中心、基督教信仰的中心,以及军事力量的中心。

因此,“再征服运动”是伊比利亚半岛现代国家发展的重要组成部分。但这个概念误导了历史学家。过去的史家认为,西班牙的基督徒进行的是一场基督徒撤离地区的再殖民活动,他们扫清了土地上的穆斯林,他们战争的对象一直是穆斯林。近来的研究表明,事实并非如此,我们被那个时代的修辞愚弄了。尽管基督徒统治者的确进行了一些殖民活动，但许多穆斯林依然留在当地，并被基督徒王国所吸纳。基督徒和穆斯林为同一方共同工作。伟大的西班牙英雄“熙德”（El Cid，逝于1099年）曾侍奉卡斯提尔国王阿方索六世，但后来他们发生了争执，熙德转而投奔了穆斯林国王。信奉基督教的西班牙国王们多次与穆斯林磋商，而穆斯林也会变成基督教国王的附庸。“再征服运动”的过程中所发生的，并不是一个宗教团体对另一个宗教团体的大规模征服，而是将一片土地的领主从一个换成了另一个：穆斯林国王把权力转交给基督徒国王。直到16世纪初，伊比利亚半岛才完全成为大公基督教地区。

注释：

① Roger Collins, *Early Medieval Europe, 300—1000*, 2nd ed. (Basingstoke: Macmillan; New York: St. Martin's Press, 1999), pp. 157-161.

② Eduardo Manzano Moreno, "The Creation of a Medieval Frontier: Islam and Christianity in the Iberian Peninsula, Eighth to Eleventh Centuries," in Daniel Power and Naomi Standen, eds., *Frontiers in Question: Eurasian Borderlands, 700—1700* (Basingstoke: Macmillan; New York: St. Martin's Press, 1999), pp. 32-54，此处见 pp. 42-43。

③ Angus MacKay, *Spain in the Middle Ages: From Frontier to Empire, 1000-1500* (Basingstoke: Macmillan, 1977), p. 15.

④ 关于之后的情况，见 Manuel González Jiménez, "Frontier and Settlement in the Kingdom of Castile (1085—1350)," in Robert Bartlett and Angus MacKay, eds., *Medieval Frontier Societies* (Oxford and New York: Oxford University Press, 1989), pp. 49-74，此处见 pp. 53-57。

⑤ MacKay, *Spain in the Middle Ages*, pp. 81-87.

⑥ Marcus Bull, *Knightly Piety and the Lay Response to the First Crusade: The Limousin and Gascony, c. 970—1130* (Oxford and New York: Oxford University Press, 1993), pp. 72 - 78.

⑦ MacKay, *Spain in the Middle Ages*, pp. 27 - 29.

⑧ J. N. Hillgarth, *The Spanish Kingdoms, 1250—1516*, vol. 1, *1250—1410, Precarious Balance* (Oxford: Oxford University Press, 1976), pp. 339 - 344, 406 - 407; Norman Housley, *The Later Crusades: From Lyons to Alcazar, 1274—1580* (Oxford and New York: Oxford University Press, 1992), pp. 280 - 281, 283 - 284.

⑨ Geoffrey Chaucer, *The Canterbury Tales*, general prologue, lines 49 - 67; Jean Froissart, *Chroniques: livre 1: le manuscrit d'Amiens, Bibliothèque municipal no. 486*, ed. George T. Diller, 5 vols. (Geneva: Droz, 1991 - 1998), vol. 2, p. 384, ch. 494, lines 46 - 48.

⑩ Hillgarth, *The Spanish Kingdoms*, vol. 1, *1250 - 1410*, pp. 59 - 60.

⑪ 例如,参见 Angus MacKay, "Religion, Culture and Ideology on the Late Medieval Castilian-Granadan Frontier," in Bartlett and MacKay, eds., *Medieval Frontier Societies*, pp. 217 - 243。

⑫ Felipe Fernández-Armesto, *Before Columbus: Exploration and Colonisation from the Mediterranean to the Atlantic, 1229—1492* (Basingstoke: Macmillan, 1987), pp. 185 - 192. 关于征服加那利群岛,参见第171—222 页。

⑬ Housley, *Later Crusades*, p. 293.

⑭ 关于这一点,参见 Fernández-Armesto, *Before Columbus*, pp. 212 - 217; Housley, *Later Crusades*, pp. 308 - 312。

第三章
欧洲东北部的十字军运动

在欧洲历史上，波罗的海的十字军运动扮演着非常重要的角色。在该运动期间，通过条顿骑士团的军事宗教活动，形成了普鲁士国家。16世纪时，普鲁士的骑士团解散之后，普鲁士成了一个世俗国家，到了17世纪，它已然成为“军事效率”的代名词。19世纪，普鲁士引领着德国的统一，而到了20世纪，德国和波兰对普鲁士地区的主权主张所产生的冲突，导致了两次世界大战。

与之前的十字军不同，条顿骑士团并未在波罗的海东北部建立独立的国家，而是在民族情感的塑造中发挥了重要的作用——这是一种反对俄国的民族情感。由于苏联的解体，以及波罗的海诸国——爱沙尼亚、拉脱维亚和立陶宛的重建，这些国家可以诉诸与西欧在历史上的联系，来证明它们是欧洲国家，并获得对它们申请加入欧盟的支持。

波罗的海的十字军运动要在两条战线上作战。第一条战线是现在被称为波罗的海诸国的区域。13世纪初，波罗的海东岸的土地要么是沼泽，要么是茂密的森林，居住着各种信奉异教的部落，特别是利沃人(Livs)、列托人(Letts)和爱沙人(Ests)。第二条战线在波罗的海南岸的普鲁士。与利沃尼亚一样，这里也是一片平坦、泥泞和覆盖着森林的土地，河流纵横，居住着信奉异教的部落——普鲁士人。

这片地区与世隔绝的情况反映了如下的事实：即便在 13 世纪初，它依然是异教徒的土地，甚至基督教传教士都尚未踏足此处。即便传教士们远赴芬兰北部传教，但也没有来过这里。

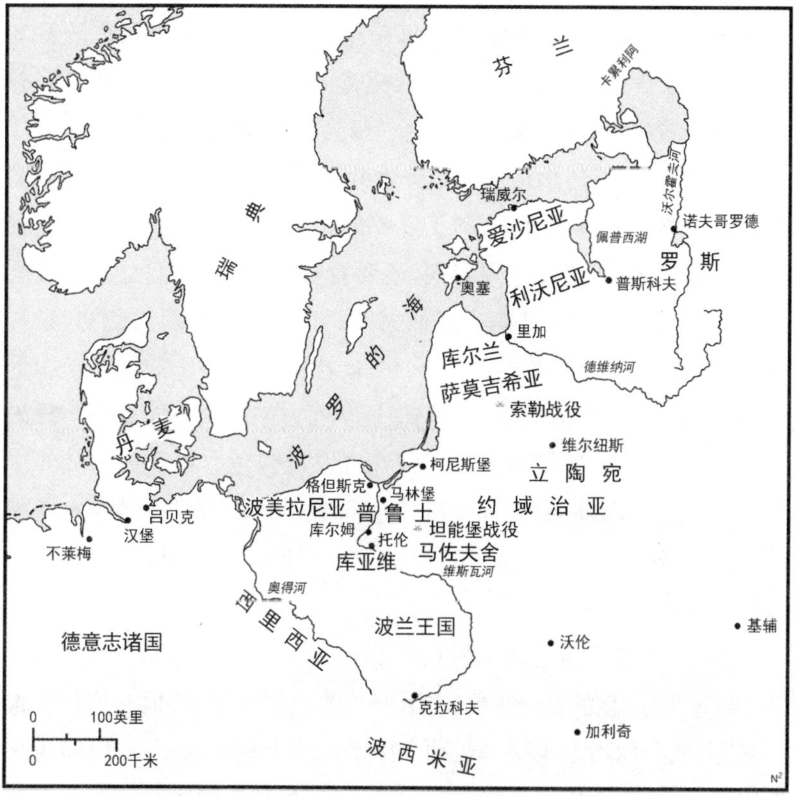

地图 3 波罗的海十字军运动期间的东北部欧洲

与西班牙的十字军运动相似，严格地说，波罗的海地区的十字军运动也不属于十字军运动，尽管它看起来很像。从英诺森三世(1198—1216 年在位)开始，教皇就允许该地区的宗教领袖每年举行一次以十字军为主题的布道，不需要另外向教皇申请新的十字军通谕。所以每年波罗的海的主教都会派遣使者前往德意志、尼德兰，甚至法兰西和英格兰的主教那儿，要求他们向会众传道，并承诺，如果信徒能立誓前往波罗的海地区进行军事朝圣，与那些不奉基督之名者战斗，就能减轻身上的罪过。每一年都有十字军战士前往波罗的海地区。在普鲁士，他们将受到条顿骑士团——一个拉丁基督宗教修会——的欢迎、安置和接待。这一修会的弟兄们不仅立下贫穷、守贞和服从的誓约，还承诺保卫基督教世界，并对贫病交加的人施以照顾。十字军战士与普鲁士、利沃尼亚的拉丁基督徒战士们一起征伐当地的异教徒，特别是立陶宛人，还要对抗罗斯人（他们是分裂教会的罗斯东正教会的教徒），再返回家园。14 世纪末、15 世纪初，条顿骑士团将普鲁士的战争转变为一场“十字军体验”——或者有组织的游历，就像现代的“统包生意”，它保证从西方来的骑士能获得与异教徒作战、在战场上赢得声望，以及欢宴的机会，还有可能成为战斗中最英勇的骑士，赢得专属的奖励。这些骑士的武器将被悬挂在条顿骑士团位于马林堡（Marienburg）的中心修道院大厅里，让所有到访者都能看到。

不过，虽然这场运动中包括了那么多十字军运动的要素——誓言、赦免罪恶、十字架的意象、军事朝圣的十字军用语，但它依然更像一场“圣战”，而不是十字军运动。由于这片土地不属于基督徒，也从来没有基督徒，所以从严格意义上来说，这场战争绝不是一场朝圣之旅。教皇主张这片区域的所有权，乃是基于这样的理由：异教徒不能合法地拥有任何土地，所有土地从法律上来说都应属于基督徒。从根本上说，这是一场由商业和领地利益引发的战争，其他的原因还包括抵御当地土匪和海盗的自卫需求，以及让当地人皈依基督教的期待。

考虑到这些十字军战役中所发生事件的复杂性，本章的调查将会首先列出战役中的主要参与方，然后按照时间顺序对这些事件进行概述。

1200 年时的参与各方

1200 年，波罗的海地区（见地图 3）的各个民族都有各自的利益诉求。这些地区居住着波罗的海的异教民族，还有信奉基督教的罗斯人和波兰人。即便从十字军运动开始的时候算，罗斯人和波兰人信奉基督教也已经好几个世纪了。而外围的拉丁基督教势力，包括波西米亚、瑞典和丹麦的统治者，以及德意志北部的商业城镇都对该地区有所企图。德意志人和波兰人引入军事宗教修会来支持他们，这些修会凭借自身的实力，后来成了战争的主要参与方。

这些异教徒有时被称作“波罗的海人”或“波罗的海诸部落”；其中最著名的有普鲁士人、立陶宛人、利沃人和列托人（居住在如今的拉脱维亚）。严格来说，爱沙人（居住在利沃人和列托人的北部）不属于波罗的海人。瑟米加利亚人（Zemgalians）和萨莫吉希亚地区的瑟罗尼亚人（Selonians），以及约域治亚人（Jatwingians）属于截然不同的波罗的海部落，不过他们的领地在立陶宛人或条顿骑士团的征服过程中已经丧失，而且与任何一个现代国家都没有关联。而其他部落幸存了下来。这些民族都是异教徒，但事实上我们对他们的信仰几乎一无所知；也许他们的信仰中根本不存在西欧意义上的“神”。在他们的信仰中，某些区域和物品被认为是神圣的，他们也的确有一些宗教习俗，但并没有单一的、统一的宗教。他们的首领可以举行宗教仪式，但部落里也可能存在着类似萨满的圣人。除此之外，拉丁基督教徒写下的关于这些民族的信仰的大部分内容似乎都是“创造”出来的，来源于对基督教以及古典罗马和希腊异教的了解。在十字军运动的步步紧逼之下，立陶宛的亲王们显然尝试着将他们的宗教信仰统一和重组，来对抗十字军想要强加给它们的“日耳曼神”。[1]

人们对立陶宛异教政治组织的了解要比其他波罗的海民族的异教社会更多，那是因为它的延续时间更长，而且立陶宛亲王与基督教势力建立了外交和军事关系，于是当时的作家们得以观察他们的社会，并加以评论。虽然波罗的海社会当时还没有读写能力，但立陶宛的亲王们在与十字军的谈判中很快就将书写采纳为记录协议的手段。一位立陶宛亲王在一项民众承认他成为亲王的仪式上受到了“拥戴”，民众还向他宣誓效忠。而许多西欧的王国遵循的也是同样的程序。[2]这些异教部落组织良好，拥有优秀的战士。他们修造了许多带有防御功能的沟渠和高耸着防御工事的堡垒——被十字军称作“城堡”，能够抵御西欧人长达数天的围攻。[3]在十字军战士到来前，这些异教徒们已经扛住了周围所谓更先进的基督徒国家的全部入侵。

作为该地区的基督徒国家，波兰是个土地广阔、物产丰富的王国。维斯瓦河（Vistula）和奥得河（Oder）流经境内，形成了贯穿欧洲东北部的主要贸易路线。波兰缺乏自然形成的地理屏障，所以容易受到西方的德意志、西北方的波美拉尼亚（Pomerania）、南方的波西米亚和来自北部和东部的异教徒的攻击。然而，缺乏自然屏障也意味着波兰统治者很容易向外扩张势力。1138 年之后，波兰被划分为几个公国：西里西亚（Silesia）、大波兰、小波兰、库亚维-马佐夫舍

(Cujavia-Masovia),而没有统一的国王。如果这些公爵中的某一位可以获得皇帝或教皇的帮助,或者发动对普鲁士人的战争、说服他们作为附庸皈依基督教,并从中获得领地、金钱和权力,那么他就有可能成为波兰至高无上的统治者。

而在这片区域的东边,是被划分成许多公国的罗斯人的土地。虽然他们有统一的宗教——他们是与君士坦丁堡有联系的东正教徒,拥有一位牧首,驻地在基辅——但罗斯人并不将自身看作单一的民族。在12世纪期间,某些城市变得重要起来,比如北部位于沃尔霍夫(Volkhov)河畔的大诺夫哥罗德*,以及西南部与波兰接壤的加利奇(Galich,位于今乌克兰)和沃伦[Volyń,今乌克兰的弗拉基米尔—沃伦斯基(Vladimir Volynsky)]。④大诺夫哥罗德是一个重要的贸易中心。它由政治寡头和城市议会管理,在战争中,议会可以作出决定,选出一位亲王来领导整个城市。如果寡头们不同意亲王的政策,就会将他"驱逐",或者罢免,接着再选出一位新的亲王。

13世纪早期,罗曼·姆斯季斯拉维奇(Roman Mstislavich)亲王将加利奇和沃伦的城市统一为一个公国,并征服了基辅这座大城,自称为"基辅罗斯人公"。他的儿子丹尼尔[Daniil(Danylo或Daniel),被西方作家称作"罗塞尼亚的丹尼尔"(Daniel of Ruthenia)]意欲占领北部和西部的异教徒土地。1253年,他从教皇特使(代表)那里接受了王冠和国王的头衔,作为他帮助教会对抗异教徒的回报。但让他的拉丁基督徒盟友感到沮丧的是,他依然是一名罗斯东正教徒。

而在这个地区西北部的是波美拉尼亚,当地的亲王是拉丁基督

---

* 大诺夫哥罗德(Novgorod the Great),还可译为"伟大的诺夫哥罗德",是俄罗斯历史最悠久的城市之一。14世纪鼎盛时曾是诺夫哥罗德共和国的首都,也是欧洲最大的城市之一,因此将"great"加入了城市的名字中。

教徒。他们希望获得更多的土地，并控制维斯瓦河沿岸的那些有价值的贸易。

当然，我们还必须看一下在这个区域外的一些利益相关的国家。在波兰西南方的是波西米亚。严格来说，它应该是西部的帝国的一部分，要听从皇帝的命令，但从 1198 年起，它有了自己的国王，而国王渴望着扩大自己的势力和威望。处于内部政治分裂的波兰就成了野心勃勃的波西米亚国王的明显目标。普热米斯尔·奥托卡二世(Přemysl Ottokar II, 1253—1278 年在位)加入了条顿骑士团，并参加了普鲁士的十字军运动，还出资在柯尼斯堡[Königsberg，今加里宁格勒(Kaliningrad)]修造了城堡。显然，他希望以波兰公爵们的利益来换取他在普鲁士势力的扩张。他的儿子瓦茨拉夫(Václav)继位以后，在 1300 年成为全波兰的国王。

北部的丹麦国王和瑞典国王也都希望获取波罗的海以东的领地。12 世纪，丹麦国王参加了对文德人(Wends)的十字军东征，这一民族是丹麦人的邻居，是异教徒，也是声名狼藉的海盗。控制了这一地区后，丹麦人将目标投向远方。13 世纪早期，丹麦舰队袭击了芬兰、爱沙尼亚、奥塞(Ösel)岛和普鲁士。1219 年，国王瓦尔德马尔二世(Valdemar II)派遣了一支庞大的远征军去协助爱沙尼亚的基督教传教士，还在瑞威尔[Reval，位于塔林(Tallinn)]修建了要塞，由丹麦军队负责驻守。然而，他主张由他来掌控利沃尼亚的传教士，而十字军中不同国家的团体因此发生了争执。最后瓦尔德马尔二世获得了爱沙尼亚的管辖权，但利沃尼亚依然受德意志主教的控制。丹麦的海上力量很强，因此丹麦的支持对十字军来说非常有用，但在瓦尔德马尔于 1241 年去世之后，他的继任者忙于处理丹麦国内纷繁的麻烦，无暇东顾。此时的爱沙尼亚依然是丹麦的领地，1318 年，丹麦国王埃里克六世(Eric VI)命令爱沙尼亚的封臣向条顿骑士团施以援手,但他自己却没有出手相助。

瑞典人介入波罗的海东部的主要目的是建立贸易联系,以及控制贸易路线。瑞典国王在12世纪期间就已经开始向波罗的海东部海岸发动袭击,但它们不属于十字军运动。正如历史学家埃里克·克里斯汀森(Eric Christiansen)所言:"这些都是旧式的维京海盗行径。"⑤然而,在13世纪早期教皇英诺森三世致瑞典人的信中似乎将瑞典人对抗异教徒芬兰人(Finns)的战争称为"圣战",不过它们也不是正式的十字军运动。瑞典国王约翰·斯渥克尔松(Johan Sverkersson,逝于1222年)参与了爱沙尼亚的战争,并于1220年在奥塞岛对面的利尔(Leal)修建了一座要塞。不过很快,瑞典人就被赶出了这座要塞。失败之后,他们将精力集中在对芬兰的改教和殖民上。在这里,他们与大诺夫哥罗德展开竞争。大诺夫哥罗德此时已经控制了卡累利阿人(Karelians,生活在芬兰的南部和东部)和沃德人(Vods,生活在芬兰湾的东南海岸)。13世纪初,诺夫哥罗德的亲王组织了传教活动,让卡累利阿人皈依了罗斯东正教。为了赢得对芬兰人的宗教和政治控制,瑞典卷入了与诺夫哥罗德的冲突。1240年,一支瑞典武装远征军在涅瓦河(River Neva)被诺夫哥罗德大公亚历山大·涅夫斯基*击败。随后,瑞典在1249年和1292年向芬兰和卡累利阿派出了更多的远征军。它们也不是正式的十字军,因为教皇并未向这些军队授予十字军特赦。不过,参与战争的瑞典战士却将战争视为光荣,他们认为自己是为上帝而战,是通过将芬兰

* 亚历山大·涅夫斯基(Alexander Nevsky,1220—1263),诺夫哥罗德大公,中世纪罗斯的关键人物,在军事上取得诸多成果,于1547年被东正教奉为圣徒。

人转变为拉丁基督教徒来拯救芬兰人的灵魂。[6]

德意志的商业城市也对东波罗的海很感兴趣。12 世纪晚期，商人们来到德维纳河(River Dvina)以南的利沃尼亚地区进行皮毛、金属矿石和木材交易。他们急切地想让当地的部落——列托人和利沃人——皈依基督教，这样一来，一方面能保证自己的安全，另一方面也能够加以控制。如果列托人变成了基督徒，德意志人就能与他们进行贸易，并在平等的条件下达成协议；与非基督徒交易总是存在着风险，因为他们认为非基督徒不可信赖(在任何方面上都“不忠诚”)。德意志商人还想让破坏波罗的海贸易的爱沙人、库尔兰(Kurland)的库隆人(Kuronians)，以及奥塞岛的居民停止海盗行为。也正是德意志名列前茅的商业城市——不莱梅(Bremen)的大主教哈特维希二世(Hartwig II)发起了向利沃尼亚的传教活动。他还于 1195 年发起了利沃尼亚的十字军运动。

因此，13 世纪初期，东欧和东北欧的政治局势非常动荡，参与其中的势力众多。那么，在弄清楚该地区的主要利益点之后，现在可以考察一下十字军运动的缘起和发展了。

十字军运动的缘起

这场十字军运动起源于 12 世纪晚期的利沃尼亚，其时，德意志商人来到此地与异教徒展开贸易。不莱梅大主教哈特维希二世派出传教士向当地的异教徒宣教。其中一些传教士取得了成果，但列托人和利沃人则对基督教信仰没有那么坚定。

1195 年，哈特维希二世说服了教皇西莱斯廷三世(Celestine

III)，让他赐予全部的十字军特权，让所有奔赴德维纳河武装朝圣的战士都能得到完全的“十字军特赦”，得以免赎全部的罪。显然，哈特维希的意图是为了给传教士们提供武装保护。也许他认为，列托人和利沃人看到了西方的军事力量，就自然会皈依基督教，接受这位伟大神祇的庇佑。另外，还有一种可能是，他认为那些已经归信的人之所以会脱教，是害怕他们的异教徒邻居，因此需要用军事力量来保护他们。

1198 年，教皇英诺森三世对西莱斯廷的授权给予了确认。他将这次行动变成了一场长时间的十字军运动，每年都会在德意志进行相关的宣教活动，而不需要颁布新的十字军教皇通谕。1200 年，哈特维希委派他的侄儿——贝斯霍维德的阿尔伯特（Albert of Buxtehude）担任该地区的主教，领导当地的传教事业，1201 年，商人们在德维纳河口建立了一个名为“里加”的贸易港，作为传教士和十字军运动的基地。这个城镇如今是拉脱维亚的首都。每一年都有成群结队的十字军战士来到利沃尼亚，而到了 13 世纪 30 年代，拉脱维亚、爱沙尼亚南部和奥塞岛已经被十字军征服，传教士们也得以让当地人转变为基督教徒。不过，利沃尼亚的进展如此之快，与传教事业在遥远南方——普鲁士的落后形成了鲜明对比。

普鲁士人对波兰边境形成了严重的威胁，而且一切传教的尝试都失败了。为了保卫波兰，同时也为了获得新的土地，波兰的大公们想要击垮普鲁士人。然而，尽管 12 世纪发动了各类军事征服行动，但波兰人却丝毫没有进展。普鲁士人组织有序、领导有方、人数众多。此外，沼泽和茂密的森林给波兰骑兵出了难题。任何一个波兰大公都无法单独应对普鲁士人，于是与普鲁士接壤的库亚维-马佐夫舍（Cujavia-Masovia）的公爵向罗马教皇请求帮助。英诺森三世派出修道院院长莱克诺的戈弗雷前往普鲁士宣教。但到了 1209 年，戈弗雷无功而返。1217 年，一位名为克里斯蒂安(Christian)的熙笃会*修道士在波兰人的支持下被任命为传教士的领导者，不过他也没有取得什么进展。显然，这项事业需要军事方面的援助。

军事宗教修会

无论在利沃尼亚还是在普鲁士，负责传教的主教们都决定通过建立军事宗教修会来支持传教事业。十字军提供的支持有限，因为他们待在东方的时间很短。一个军事宗教修会可以提供持续不断的支持。在 13 世纪初的几年里，里加主教阿尔伯特(Bishop Albert of Riga)成立了一个军事宗教修会，该修会以 1120 年成立于耶路撒冷的圣殿骑士团为基础。修会的弟兄们穿着一件白色斗篷，上面有一个红色的十字架符号，十字架的下方是一柄红色的宝剑。他们的正式名称是“利沃尼亚的基督骑士团”，但更为人所知的名称是“宝剑骑士团”。

1225 年左右，普鲁士的基督教主教也成立了一个军事宗教修会来帮助他的事业。库亚维-马佐夫舍公爵康拉德将自己在多布林(Dobrin)的城堡赠予骑士团，所以这个骑士团为人所知的名称是“多布林骑士团”。它的符号是一颗红星和一柄红色的宝剑。

这两个骑士团都没能维持到 13 世纪 30 年代以后，因为它们都缺乏土地和其他财富来源，他们的兵源地也仅限于德意志北部的几个城镇。在利沃尼亚，宝剑骑士团和里加主教在土地分配的问题上

---

* 熙笃会(Cistercians)，又译西多会。是天主教会的修会之一，遵循圣本笃的规范，于 1098 年在法国东部的第戎(Dijon)附近建立修道院。

发生了争执，他们被指控压迫新的皈依者（特别是砍倒了用以养蜂的树），而且他们在1229年与教皇特使阿尔纳的鲍德温（Balduin of Aulne）发生了争执。鲍德温指责他们围攻了一座支持他的熙笃会修院——陶格夫格里瓦修院（Dünemünde），还把杀害的人草草堆在一起，没有妥善埋葬。当对方提出要向教皇申诉时，骑士团的成员拔出了剑，说："这就是我们的教皇。"从另一个方面看，阿尔纳的鲍德温似乎在运用自身权势的时候也越了界，惹恼了宝剑骑士团和里加的人民。教皇格列高利九世召集双方来罗马解决争端。宝剑骑士团的罪名得以洗清，但他们的名声却受到了损害。他们申请合并入条顿骑士团。为此，条顿骑士团指派了一个调查团队来了解情况。而结果是宣布不需要他们的加入："宝剑骑士团的规矩制定得不完善，而且他们还不遵守它。"1236年，在索勒之战（the battle of Saule）中，宝剑骑士团几乎被立陶宛人全部消灭，仅存的少数成员再次要求加入条顿骑士团，这次他们被接受了。

条顿骑士团

条顿骑士团，全称为"条顿人的圣玛利亚医院骑士团"，是一个军事宗教修会，最初是在第三次十字军东征期间在圣地成立的。它在圣地并没有占领多大的地盘，因为在成立之时，巴勒斯坦的法兰克人的领地正不断缩小。骑士团也曾经争取打下自己的地盘，但没有成功。1226年，库亚维-马佐夫舍公爵康拉德将普鲁士境内的库尔姆（Kulm）提供给骑士团，这片土地就在康拉德领地的西北面，是普鲁士的一部分，实际上并不属于他。康拉德将库尔姆赠予骑士团，纯粹是为了抵挡异教徒，而并没有想让异教徒皈依的意思。骑士团的团长赫尔曼·冯·萨尔察（Hermann von Salza，见"人物传略"）请求皇帝腓特烈二世批准该项赠予行为，皇帝果然准许了。腓特烈二世的特许状表明，他想要的是让异教徒皈依，但条顿骑士团的任务只是与异教徒作战，并不包括让他们皈依。

赫尔曼·冯·萨尔察还请求格列高利九世批准康拉德公爵的这份赠礼。教皇也确实批准了——但他所批准的内容似乎与康拉德的赠礼内容不符。他的确认书(1234)授予骑士团在库尔姆以及今后所有征服地区的独立领主地位，并声明康拉德承诺将永不驱逐骑士团。而康拉德在1226年时并没有做出这样的承诺。

无论如何，教皇的确认书怎么写的，骑士团就怎么去做。团员们来到库尔姆，设立了基地；还在托伦建立了一座城堡以坐镇后方。他们沿着维斯瓦河前进，与异教徒作战并击败了他们，一路上他们用木材和泥土修造城堡，其中有些还是在树木上用木头搭建的。(普鲁士没有建筑用的石块，所以后期的城堡都是用砖修建的。)如果团员们吃了败仗，就会回撤到这些工事里去。他们将河流作为在普鲁士领地里穿行的道路，很快普鲁士人就被击败了。与此同时，条顿骑士团成功地消除了主教克里斯蒂安的权威。1234年，他被普鲁士人俘虏，条顿骑士团却拒绝花钱赎回他。接下来，骑士团接管了主教的领地，并吸纳了多布林骑士团。至13世纪40年代，条顿骑士团已经成功地将整个普鲁士纳入掌控之中。

从1237年开始，骑士团也参与了利沃尼亚十字军行动，不过它在当地的势力远不及在普鲁士那么强大。1240年，利沃尼亚的骑士团成员发动了一场向罗斯人的领地东进的战役，他们将这次军事行动称为十字军运动(因为他们的目的是攻击那些分裂教会者)——借口是罗斯人从未试图让那些异教徒皈依，只是想要收取贡物。其实，骑士团的主要动机是贸易。他们的想法是要控制河流，进而掌握从罗斯中部运送珍贵皮毛、矿石和木材的商船。条顿骑士团占领了罗斯的城镇伊兹博斯克(Izborsk)和普斯科夫(Pskov)，并继续向东推进。1242年，亚历山大·涅夫斯基大公和诺夫哥罗德人在冰封的楚德湖(佩普西湖)面上击败了骑士团和他们的盟军。此役败北后，利沃尼亚的骑士团放弃了东进，转而南下进攻立陶宛。

波罗的海区域连绵的十字军运动

尽管条顿骑士团快速地在普鲁士扎下根基，但战争还未结束。普鲁士人发生了两次叛乱，分别发生在1242—1249年，以及1260—1283年。波美拉尼亚的基督徒公爵们对普鲁士人给予了支持，因为他们认为骑士团对自己的利益构成了威胁。1249年的《克雷斯堡条约》(Treaty of Christburg)赋予普鲁士人与德意志人平等的权利，并允许他们保留习俗。但第二次叛乱后，普鲁士人的权利被剥夺，被骑士团当作农奴一样——也就是说，没有任何法律保障的权利。条顿骑士团的成员们说“让普鲁士人当普鲁士人吧”，不再允许普鲁士人皈依基督教。

骑士团还与波兰的大公们发生了冲突。波兰人在13世纪50年代发动了一场针锋相对的十字军运动，目的是将约域治亚人纳入控制之下。大公们显然对骑士团禁止异教徒皈依和袭击新皈依者的举动进行了指责。他们声称，约域治亚人为了对抗骑士团，曾经向他们寻求过帮助。骑士团向教皇求助，截停了这次十字军行动。不过在1414—1418年期间召开的康士坦斯大公会议(Council of Constance)上，这些针对条顿骑士团的指控将再次被提起。

条顿骑士团最初在普鲁士能够取得成功，源于它所拥有的庞大资源基础。他们在德意志、法兰西、意大利，以及圣地和希腊都有资产。与此前的骑士团相比，条顿骑士团的战略更深谋远虑。而且，骑士团所拥有的盟友也很重要，比如腓特烈二世、教皇，还有各位世俗政权的王公们。其中最令人瞩目的是他们与立陶宛的明道加斯(Mindaugas)这位异教徒的关系，1251 年，他们结成了同盟。明道加斯承诺，如果教皇能够封他为立陶宛国王，他就会皈依基督教。于是他如愿以偿地当上了国王，同时，一位主教被派往立陶宛领导教会传教团，以让当地民众信仰基督教。然而，明道加斯很快就重新恢复了他的异教信仰。除了他之外，骑士团还有两个有价值的盟友，一位是加利奇和沃伦的大公丹尼尔，一位是波西米亚的普热米斯尔·奥托卡，这两位我们在上文中已经提到过了。而波兰的大公们是骑士团的竞争对手，不过骑士团可以挑拨大公们的关系，让他们互相争斗。

所以条顿骑士团能够在短短的时间内就扎下根来，还获得了属于自己的领地。然而，从长远来看，骑士团谈不上成功。在 1291 年最后一次守卫阿卡的战役中发挥了令人称道的作用之后，到了 14 世纪，骑士团将总部搬到了威尼斯，1309 年又搬到了普鲁士。这就意味着现在骑士团将完全投入波罗的海的十字军运动，而与圣地愈发遥远了。但他们没有为基督教获取多大的领地，反而深深地陷进了当地的政治困局中。

1298 年、1300 年和 1305 年，里加的大主教和民众针对条顿骑士团在利沃尼亚的分支的所作所为向教皇申诉。他们指控骑士团员侵犯了利沃尼亚教会的权益，阻碍了里加的贸易，在保护利沃尼亚免受异教徒攻击方面亦无作为，还向立陶宛人出售武器，以及阻碍传教工作。异教徒好不容易皈依了基督教，可骑士团员的暴行却让新皈依者重新回到了异教的怀抱。而且，骑士团成员的行为看起来也像异教徒：他们会焚烧尸体（这是一种异教的做法），允许将重伤的弟兄“怜杀”*，还在大斋节期间吃肉，对教皇的指令不理不睬，甚至施行巫术。教皇克莱门五世（Clement V）在利沃尼亚发动了一场针对骑士团的调查，但骑士团坚决地反对调查，他们否认了所有的指控。最终调查行动被取消。⑦

与此同时，在普鲁士的骑士团卷入了与波兰和立陶宛的战争。1295 年，普热米斯尔二世加冕为全波兰的国王。次年他被暗杀。大波兰**的公爵“矮子”瓦迪斯瓦夫（Władysław，the short）试图继任，但未获成功。最终，他在 1320 年才如愿在波兰首都克拉科夫（kraków）加冕为国王。当在为赢得对波兰的掌控权而努力时，他与条顿骑士团结盟。骑士团征服了格但斯克［Gdańsk，即但泽（Danzig）］和波美利亚（Pomerelia）东部［波莫瑞（Pomorze）］——显然这符合他的利益，或者他是这么认为的。但骑士团占领两地之后，却不愿把它们交给他。格但斯克是重要的港口，瓦迪斯瓦夫一定要将它纳入囊中。

他向教皇寻求帮助。1319 年，教皇约翰二十二世下令进行调查，1321 年的调查结果对骑士团不利。然而，骑士团拒绝放弃这座城市，约翰二十二世也无法强令骑士团服从，因为他需要骑士团的政治支持来对抗神圣罗马帝国皇帝——巴伐利亚的路德维希（Louis of Bavaria）。于是，接下来就爆发了波兰人和骑士团的战争，并一直持续到 1343 年，以波兰国王卡齐米日三世（Casimir III）将格但斯克割让给骑士团告终。

---

* “怜杀”（mercy killing），又称“安乐死”，指出于人道，应不治之症或病危患者的要求，为解除其痛苦而采取无痛苦加速其死亡的措施的行为。

** 大波兰（Greater Poland），是波兰中西部的一个历史上的区域。

与此同时，身处普鲁士的骑士团与波兰王国联合在一起，与立陶宛人开战。立陶宛人组织严密，是优秀的战士。他们也乐于同基督教势力结盟：立陶宛的王公们经常与罗斯的普斯科夫结盟以对抗诺夫哥罗德人。1331 年，立陶宛大公格迪米纳斯（Gediminas，见“人物传略”）与诺夫哥罗德大主教结盟，派遣军队在诺夫哥罗德包围战中对抗瑞典人。他还与其他罗斯城市结盟，为它们提供军事援助，还与里加的大主教和民众结成长期的同盟，对抗条顿骑士团。条顿骑士团每年都对立陶宛人发动军事攻势，立陶宛人也予以回击。

每年，骑士团都会发起两次战役，一场定在圣母升天节（8 月 15 日），另一场则是在圣烛节（2 月 2 日）。之所以选择这两个日期，是因为他们是骑士团的主保圣人（圣母玛利亚）最重要的节日。参与战争的军队由骑兵与步兵组成，成员还包括了来自德意志、不列颠和法兰西的十字军战士。打这种仗对于北欧那些想要成为十字军战士的人来说非常有吸引力，因为它们每年都如期举行，而且立陶宛人被认为是危险的异教徒，在与他们的战斗中获得胜利是一种荣耀。另外，与格拉纳达或东地中海相比，这条十字军战线更容易抵达。

部队要穿越乡村是很困难的，因此就需要水路运输来运送补给物资、增援部队、攻城器械和马匹。一旦到达敌人的领地，部队就驻扎下来，骑士团每到一地就展开突袭，然后立刻转移到一个新的地区，再趁敌军到达之前撤退。[8]这种战争不仅是为了夺取战利品和俘虏，而且是为了削弱敌人。骑士团指望通过长期持续不断的攻击，最终能占领立陶宛人的土地。然而，由于地形的性质（森林或沼泽密布），所有战争都很难获得长期的效果。埃里克·克里斯汀森指出，条顿骑士团的消耗战并不成功——骑士团的实力强大了，立陶宛人的实力也会相应地增长。[9]每当条顿骑士团改进了他们的武器、盔甲或攻城器械，很快立陶宛人就会紧随其后。双方陷入了僵局。

立陶宛的格迪米纳斯意识到这场旷日持久的拉锯战完全是白费功夫，他试图与十字军讲和。1322 年，他写信给教皇约翰二十二世要求停战，他表示，只要甩开条顿骑士团，他就非常乐意允许基督教传教士进入他的王国，自己还会皈依基督教。他要求教皇指派特使前来，共同协商议定立陶宛王国的边界。利沃尼亚人同意达成一项协议，但条顿骑士团对格迪米纳斯的提议进行了抨击，宣称这完全是欺骗行径，主要的理由是他们要为格迪米纳斯举行洗礼，而对方没有接受。然而，教皇对格迪米纳斯的提议非常在意，告诉骑士团在谈判期间不能开战。但骑士团显然并不希望和平，没有听从教皇的命令。这一次，就像 1321 年一样，约翰二十二世还是不敢得罪骑士团。格迪米纳斯并不愿意把自己变成一个完全的拉丁天主教徒，一旦他能够从罗斯人那里获得足够的，甚至更好的价码，他就会皈依罗斯东正教会并与罗斯大公结成同盟。因此，即便格迪米纳斯与波兰国王瓦迪斯瓦夫结盟，但战争依然在持续。[10]

1350 年以后，条顿骑士团的形势发生了好转。他们在普鲁士和利沃尼亚建造城堡来抵挡立陶宛人的袭击。越来越多的十字军战士来到东方。同时，波兰和立陶宛的统治者的注意力转向了东南方，1340 年，加利奇和沃伦（或称罗塞尼亚）的大公被谋杀，剩余的领地被波兰和立陶宛发兵侵占，借口是要防止蒙古人的征服。立陶宛和波兰都声称对当地拥有主权。教皇承认波兰国王卡齐米日三世在罗塞尼亚发动的战争是十字军运动，并允许他向神职人员征税，以此来支付这笔军费。借此，卡齐米日得以征服了罗塞尼亚的大部分地区，它们后来都成了波兰的领土。[11]

十字军运动的终结

条顿骑士团从来没能征服立陶宛，但他们发动的战争促进了立陶宛人皈依基督教的步伐。1386年，波兰女国王雅德维加*（见“人物传略”）嫁给了立陶宛大公雅盖沃，这是两国结成对抗骑士团的同盟的一部分条件。雅盖沃接受了洗礼，立陶宛人变成了基督徒。条顿骑士团声称他的皈依是一场骗局，并继续与立陶宛开战。直到1410年，波兰—立陶宛联军在坦能堡将骑士团击败。此后，骑士团时运日衰。在1414—1418年举行的康士坦斯大公会议对骑士团进行了抨击；十字军的补给枯竭，因为拉丁基督教的欧洲骑士要么卷入了英法战争，要么卷入了在波西米亚针对胡斯派的战争；到了1454年，普鲁士诸城又掀起暴乱。1466年，根据《第二次托伦条约》(Second Treaty of Thorn)，条顿骑士团丢掉了西普鲁士，这意味着他们失去了总部马林堡（今波兰马尔堡），还变成了波兰国王的封臣。因此，普鲁士的十字军运动宣告终结。在东普鲁士，条顿骑士团继续存在，一直到1525年，大团长勃兰登堡-安斯巴赫(Brandenburg-Ansbach)的阿尔布雷希特变成了路德派基督徒，在普鲁士解散了整个骑士团。

在利沃尼亚，十字军运动一直持续到16世纪，但他们当时要面

---

* 雅德维加(Jaduiga，约1373—1399)，她是波兰王国的第一位女性君主，于1386年11岁时加冕，当时使用的是“国王”这一头衔，而非“女王”，有学者称，这可能是波兰贵族想要阻止她的配偶在未经他们允许的情况下采纳同样的头衔，也有学者认为，这一头衔只是反映出她不是作为配偶的王后，而是在位的君主。

对莫斯科大公日益增加的威胁。1501 年，利沃尼亚的条顿骑士团团长与立陶宛人结盟，一同对抗莫斯科大公伊凡三世（Ivan III）。但立陶宛人并未现身，罗斯人闯进了利沃尼亚大肆破坏。虽然骑士团在1526 年成了新教路德派基督徒，但他们依然遵循着修道院的生活方式，骑士团依然扮演着管理和保卫利沃尼亚的角色。

不过，莫斯科日益严重的侵略已经让骑士团无法单独应对，而到了 1559 年，波兰、瑞典和丹麦的势力也进入了这一地区，瓜分了利沃尼亚和爱沙尼亚。1561 年，条顿骑士团变成了一个世俗修会，他们的大团长成为库尔兰—瑟米加利亚的公爵，是波兰国王的封臣。直到 16 世纪 80 年代，波兰人才将伊凡四世击退，解除了利沃尼亚的威胁。

条顿骑士团继续作为军事修会存在于德意志，在当地，他们参与了对抗奥斯曼土耳其人的战争。如今，它是一个慈善团体，在德国和奥地利经营着医院和学校。

从十字军运动的角度来看，波罗的海的十字军取得的成就在于，它将波罗的海区域纳入了欧洲大公教会的区域之内，而没有放任他们融入罗斯人或东正教的环境。然而，为了实现这个目标，他们付出了巨大的生命代价，而且破坏了当地的文化和特征。西欧人和俄罗斯人对这一地区的主权争夺一直持续到 20 世纪后期。1991 年，随着苏联的解体，拉脱维亚、爱沙尼亚和立陶宛再次成为独立国家。2002 年，这些波罗的海国家申请加入欧盟，并于 2004 年被接受。它们再次向西方靠拢了。

注释：

① Endre Bojtár, *Foreword to the Past: A Cultural History of the Baltic*

People, trans. Szilvia Rédey and Michael Webb (Budapest and New York: Central European University Press, 1999), pp. 128 - 163, 233 - 342; Stephen C. Rowell, *Lithuania Ascending: A Pagan Empire within East-Central Europe*, *1295 - 1345* (Cambridge and New York: Cambridge University Press, 1994), pp. 137 - 139, 147 - 148.

② Rowell, *Lithuania Ascending*, pp. 139 - 147.

③ *The Chronicle of Henry of Livonia*, trans. James A. Brundage (Madison: University of Wisconsin Press, 1961), pp. 127 - 128.

④ 要想直接了解中世纪俄罗斯公国的情况,议会图书馆的国家研究非常有用。参见 http://lcweb2. loc. gov/frd/cs/rutoc. html。

⑤ Eric Christiansen, *The Northern Crusades*, 2nd ed. (London: Penguin, 1997), p. 114.

⑥ Eric Christiansen, *The Northern Crusades*, pp. 113 - 122.

⑦ Norman Housley, *The Avignon Papacy and the Crusades*, *1305—1378* (Oxford and New York: Oxford University Press, 1986), pp. 267 - 271.

⑧ Eric Christiansen, *The Northern Crusades*, p. 171.

⑨ Eric Christiansen, *The Northern Crusades*, p. 167.

⑩ Rowell, *Lithuania Ascending*, pp. 189 - 228.

⑪ Norman Housley, *The Later Crusades: From Lyons to Alcazar*, *1274 - 1580* (Oxford and New York: Oxford University Press, 1992), pp. 346 - 347.

第四章

针对异端的十字军运动：阿尔比十字军和胡斯派十字军

在前两章中，我们讨论了圣地之外、位于基督教世界边缘地区的十字军运动，在那里，拉丁（大公）基督徒与不同宗教信仰的人作战，保卫基督教世界。而本章所讨论的十字军运动针对的是基督教内部的敌人——异端。

在《新约》的记载中，异端被描述成伪基督徒，他们所持有的，是虚假的、具有破坏性的信仰，会使许多基督徒误入歧途，也会给他们自己带来永恒的破坏（比如《彼得后书》第 2 章）。在中世纪，基督徒相信异端对于基督教社会来说是一种真正的危险，像癌症或其他隐疾一样会从内部造成破坏。他们相信，异端信徒过的是一种不道德的生活，甚至会吃自己的孩子。基督教神父相信，他们要为自己所看顾的灵魂向上帝负责，因此必须保护子民不受异端邪说的伤害。的确，如果教会当局没有试图摧毁异端，那就是失职，要受到上帝的惩罚。

然而，基督徒变成异端的原因有很多。他们有可能只是拒绝接受拉丁教会的教义，认为教会没有遵循《圣经》的教导，胡斯派就属于这一类。或者他们可能是对《圣经》进行了重新解读，比如卡特里派*。他们可能是看到拉丁教会的神职人员拥有的财富和权力，或者过着无知和不道德的生活，而非过着像《新约》中的基督和使徒所宣扬的那种贫穷的生活，因此产生了幻灭感；也有可能是为了抗拒教会的政治权威，以此作为一种社会抗议的表达。

所以，异端不会承认他们是"异端"；在他们看来，他们是虔诚的基督徒，而拉丁教会才是异端。事实上，异端信徒通常都是非常虔诚的，他们在迫害当前的时候也能坚持自己的信仰，相信上帝是在考验他们，就像上帝考验那些早期的基督徒一样。这就意味着，异端是很难被连根拔起的。从13世纪初开始，教皇开始将暴力作为粉碎异端的手段。他们发动了针对异端的十字军运动，并向那些参加者承诺，他们将享有和前往圣地与穆斯林作战的人同样的特权。然而，这些十字军运动在终结异端方面并不成功。最著名的两次反对异端的十字军运动是阿尔比十字军运动（1209—1226）和胡斯派十字军运动（1420—1431）。本章将对它们进行讨论。

阿尔比十字军运动

卡特里派异端

阿尔比十字军运动指的是在朗格多克（Languedoc，今法国的西南部）发动的一场针对卡特里派异端的十字军运动。"卡特里派"这个词也许来源于希腊语"Καθαροί"（katharoi）一词，意思是"纯洁的

---

* 卡特里派（Catharism），又译清洁派、纯洁派或纯净派。他们是二元论信仰，信奉禁欲主义，于12、13世纪在西欧蓬勃发展。

人”，异端信徒们也许就是这么自称的。他们之所以会用希腊语名称，是因为他们的信仰起源于拜占庭帝国的异端派别——波格米勒派(Bogomil)，这一派的信徒说的是希腊语。卡特里派的领袖会被追随者称为“善人”(Good men)。

卡特里派所持有的是一种二元论信仰，这意味着他们相信有两个对立的大神——一个光明的善神和一个黑暗的恶神。他们相信，善神创造了世上一切精神性的、肉体无法察觉或感知的事物，而恶神创造的是所有物质性的东西，包括人体、地球、星星、太阳和行星。卡特里派将基督教的《圣经》作为圣书，但根据他们的说法，《旧约》中的上帝是邪恶的神，而《新约》中的耶稣则是纯粹的精神体，只是以一种物质的形式出现而已。卡特里派称自己“纯洁”，是因为他们相信自己与邪恶的物质世界分离了，是属于纯洁、完美的精神世界。在卡特里派之前，历史上有一连串的二元论宗教，它是它们的追随者，而同时代的人将他们与活跃在古代罗马帝国的二元论宗教摩尼教搞混了。

卡特里派相信人的灵魂，也就是所谓的“灵体”，被禁锢在恶魔创造的肉体里，而这并不是人本身的过错。灵体不得不在一个连续的循环中从一个肉体转到另一个肉体。这就是灵魂的“投生”*——灵魂从一个身体转移到另一个身体里。他们对灵魂“投生”的笃信意味着他们不能杀害任何人类和其他动物，不应该吃任何动物身上取得的东西(肉类和奶制品)，而且轻视性和生育。一些虔诚的卡特里派把婴儿称作“魔鬼”，因为当女人怀孕时，她就会让已经被困住的灵魂

---

* “投生”(transmigration)，此处从林世荣译《基督教神学发展史(二)中世纪教会篇》，译林出版社，2013 年。

在新的循环中存续。也正是这种态度促使他们的敌人相信卡特里派会杀害婴儿然后吃掉。

与一些相信灵魂转世的宗教不同，卡特里派不相信灵魂能够通过一生的修炼而逐渐变好，最终回归天堂、回到善神那里。他们认为一生的行为的确会影响到下辈子能拥有什么样的身体，但除非一个人成为“完美者”(perfect)，否则就永远无法摆脱这种循环。而一旦经历了正确的仪式，成了完美的人，就可以在死亡时逃离“死亡—重生”的循环。所以最终的救赎取决于仪式而不是个人的行为举止。

卡特里派教会的成员有以下几种：完美者，或中选者，他们是教会的正式成员；虔信者，他们经历了初入仪式，但还不是教会的正式成员；还有听道者，他们位于卡特里派教会的边缘。教会最重要的仪式，是成为完美者的仪式，称作“安慰礼”(consolamentum)。卡特里派认为，这种仪式能将信徒从魔鬼的控制中解脱出来，回到上帝的掌控之下。只有经过了这个仪式，信徒才是真正的基督徒，才能够称呼上帝为“天父”。因此，只有受过安慰礼的信徒才被允许念主祷文。经过安慰礼，完美者就必须过一种完全清洁的生活——不能挖掘土地，只能吃规定好的食物，不能欢好，穿着黑色的罩袍，必须经常复颂主祷文。如果完美者犯了大罪，他们就失去了和上帝的联系，必须重新经过安慰礼。此外，如果执行安慰礼的主教犯了大罪，那他所“安慰”的人也都失去了上帝的宠信，必须重新得到“安慰”。[①] 卡特里派学习《圣经》和其他本派的圣书，也积极传播他们的宗教，有时是通过讲道，有时只是简单地与人谈论他们的信仰。

大多数卡特里派成员为虔信者，而完美者的人数较少。虔信者在临终时才会被赐予安慰礼，于是，他们在离世之前会度过一小段“完美的”人生。一些接受了安慰礼的人选择禁食，将自己活活饿死。

如果将死的是一个没有断奶的婴儿，那么在被施行安慰礼之后就不会再喂奶。这些婴儿就在这种年幼的、毫不知情的状况中被饿死了。

从理论上来说，男性完美者和女性完美者是平等的，他们都能传教或成为主教。不过实际上，我们没见过哪一位主教是女性，卡特里派的执事也总是由男性担任，女性完美者确实会向信徒们传授教义，但她们很少在路上给人讲道。有一些给卡特里派的女性完美者的住所，教派家庭中的女儿们会被送去接受教育。这些住所似乎与拉丁基督教会的修女院非常相似。

对卡特里派的反应

卡特里派的信仰与拉丁基督教派完全不同，可以说，他们信奉的是一种全新的、非基督教的宗教。许多未受过教育的大公教会信徒不知道卡特里派和拉丁基督徒之间的区别，他们会认为卡特里派教徒非常虔诚，过着早期基督教徒的生活。事实上，他们非常钦佩卡特里派的徒众。然而，多受了些教育的拉丁基督教徒会发现卡特里派对灵魂"投生"的信仰非常令人恐惧(见文献六)。他们对卡特里派为了符合自己的信仰而重新解释《圣经》的行为表示愤怒，竟然有人宣称世界是魔鬼创造的，耶稣只是一个灵魂而没有肉体(这与《路加福音》24：36—43 产生了冲突)，还禁止结婚，只能吃某些特定的食物(这两项在《提摩太前书》4：3 中被判定为谎言)。令他们愤怒的还有，卡特里派竟然抗拒拉丁基督教会的权威性，声称只有他们的信徒才能抵达上帝，而拉丁教会只会被魔鬼困住。

卡特里派的思想在贸易和城市快速发展的地区，如莱茵兰、法兰西南部(朗格多克)和意大利北部广泛传播。这些都是富裕的地区，商人经常四处奔波，文化活动活跃，新思想在这里得到传播和讨论。

而且这些地区都没有强大的中央政府，也就没有谁来发起和协调针对卡特里派的行动。当地的拉丁教会不足以满足基督徒的需求，建的教堂不够多，或者是没有教授神职人员如何回答越来越多受教育的信众的问题。在这些地区，并非只发展出了卡特里派一种异端。福音主义的韦尔多派(Waldensian)始于里昂，也传播到了意大利，并存续至今。13 世纪晚期，立誓过极端贫穷生活的圣方济各会也在朗格多克和意大利得到了广泛传播。一些世俗贵族钦佩卡特里派对宗教的虔诚和渊博的学识，对他们加以保护。奇怪的是，贵族们一边支持这个憎恶世界的宗教，一边却接纳了骑士风度(骑士精神)和典雅爱情*等新观念——这两种都是卡特里派声讨的观念，但这也许是因为卡特里派的教义可以对骑士精神的血腥和性的痴迷(典雅爱情的基础)起到某种制衡。由于卡特里派的教义反对传统的世俗权威，比如主教和主教所支持的国王，所以它也有可能成为地方自豪感和谋求独立的关注点。就此而言，卡特里派运动与其说是一种宗教运动，不如说是一种地区性运动。

一些历史学家认为，卡特里派的教义对女性特别有吸引力，因为从理论上看，卡特里派的女性可以同男性担任完全相同的职务。的确，当地一些主要的贵族女性都是该派的信徒，这或许是因为这种教义可以让她们摆脱婚姻和生育的烦恼。然而，大多数普通女性都对卡特里派谴责人类爱情、婚姻和生育的态度表示厌恶。②

卡特里派在朗格多克地区的影响非常大，让虔诚的拉丁基督徒开始担心它会取代教会在该地区的地位。卡特里派不承认拉丁教会

---

* 典雅爱情(courtly love)，是中世纪欧洲文学中关于爱情的概念，强调贵族和骑士精神。

的权威，拒绝一切世间上源自魔鬼的东西，所以他们是潜在的革命者。理论上说，卡特里派的完美者只承认自己的主教，而不认可其他权力，还拒绝纳税，拒绝宣誓效忠或服兵役。因此，他们对当地的管理和法律、秩序构成了威胁。

1178 年，图卢兹伯爵雷蒙德五世(Raymond V)向法兰西国王路易七世和熙笃修会请求帮助。熙笃会回应了伯爵的请求，派出传教士前往朗格多克，随同前往的还有一支军队。但熙笃会传教士在当地影响不大。主要的问题是他们是外来者，不会说当地的语言[奥克西坦语(Occitan)]；他们代表的是法兰西北部的国王的权威(这在南方不受认可)；还有他们传教的时候没有照顾到当地普通人的水平，不能让人理解和接受。

相比之下，军事方面则取得了一些成果。1181 年，熙笃会主要的修道院——克莱尔沃(Clairvaux)修道院——院长带领着一支军队在图卢兹的拉沃尔(Lavaur)城堡俘虏了一批异端信徒。这座城堡属于罗杰·特兰卡维二世(Roger Trencavel II)，他被指控保护异端，是图卢兹伯爵雷蒙德五世的敌人。后来，城堡中的人自行投降，异端信徒忏悔了他们的过错，与教会达成了和解。

雷蒙德五世于 1194 年去世，他的儿子雷蒙德六世继位，他对异端没有那么忧心。教皇英诺森三世企图通过和平手段将卡特里派重新拉回拉丁基督教会的阵营中。他相信异端之所以会有信徒，是因为普通的基督徒对他们的信仰不够了解。他派熙笃会修道士去当地传教，但并没有取得什么进展。1204 年，英诺森三世任命熙笃修道院(熙笃会最重要的一所修道院)院长阿诺·阿马里克(Arnaud Amalric)作为他在朗格多克地区的特使，监督布道情况。1206 年，两名西班牙神职人员来到当地帮助阿诺·阿马里克：卡斯提尔的迭戈主教(Bishop Diego)和他的教士之一——多明我(Dominic)神父。他们遵循着以身立命、以言服人的理念,像使徒一样光着脚走路,像卡特里派一样过着简朴的生活。他们尝试着以听道者能接受的水平来布道,并确实取得了一些成功。虽然到了1209年,他们的传道活动让位给了十字军,但多明我继续传教,而围绕着他的团体发展成了多明我修道士(Dominican friars)。

十字军运动的缘起

1207年,朗格多克的熙笃会的教皇特使之一——卡斯特瑙的彼得(Peter of Castelnau)成立了一个组织,或者说是一个武士的联盟,来对抗异端,并请求图卢兹伯爵雷蒙德六世加入。伯爵拒绝了,彼得就将他逐出教会,借口是怀疑他包庇异端信徒。与此同时,英诺森三世不断劝说法兰西国王腓力二世(1180—1223年在位)向朗格多克派遣军队进行干预。但腓力二世也拒绝采取任何行动。严格来说,雷蒙德六世是腓力二世的封臣,而且并没有发现他有什么异端的罪行;此外,腓力二世在法兰西北部还有更为紧迫的军事任务。

1208年,卡斯特瑙的彼得被人谋杀。英诺森三世认为雷蒙德六世应该为此承担责任,不过这个指控从没有得到过证实。英诺森三世向诸位国王、贵族和法国民众投书,敦促大家拿起武器,把那些异端横行的土地夺回来,交还给虔诚的基督徒居住。经他的授权,熙笃会将这场运动宣扬为十字军运动。只要是参与这场运动40天的人,就会被免除所有忏悔过的罪行,他们的债务也可以延期偿还,而且,教会还鼓励各地的封臣和神职人员为战争的开支缴纳贡赋。

腓力二世依然拒绝派军队前往朗格多克。然而,由于自987年以来法兰西南部就已经在实质上独立于王国之外了,支持十字军运动对于国王在该地区加强权威有好处。所以他允许法兰西北部的500名骑士加入十字军的队伍。

大约在同一时期，英诺森三世也开始对意大利的异端动用了军事威胁。[③]

十字军运动的过程

这些战争被称为阿尔比十字军，因为它们发生的地点在阿尔比人生活的地区；阿尔比城是这个区域的中心。

这场十字军运动中很少发生激烈的战斗。十字军的指挥者们更愿意把精力放在饿死对手的焦土策略（烧掉庄稼、摧毁房屋），以及围攻城镇和要塞上。如果城镇或要塞中的对手要投降，条件通常是释放拉丁基督徒骑士，并交出异端信徒。这些信徒们会被严加审讯，如果不忏悔就会被烧死。将人烧死是一种传统的对待异端的办法，最早可追溯到《旧约》的年代；人们相信大火可以消灭邪恶的异端邪说。有些时候，所有的俘虏都会被烧死，这样才能确保异端全部被消灭。

如果城镇或要塞是被十字军用武力攻克的，那么里面的人都会被杀死。当时，将发动军事袭击或突袭后攻占的要塞中的所有人都杀死或俘获是常见的军事行为，但是，根据后来的报道所还原的于1209年7月发生在贝济耶（Béziers）的屠城惨状是少有的。据说，教皇特使建议十字军无差别地杀死所有人，这样才能保证消灭所有异端。城镇里的大多数人其实是拉丁基督教徒，但实情并不重要，因为上帝自会分辨哪些是祂的人（见“文献六”）。1211年，拉沃尔城被攻陷，领主蒙特利尔的艾默里（Aimery of Montréal）和他的骑士们一起作为“疑似”异端和异端的支持者而被处决，艾默里的姐妹吉劳德夫人（Lady Giraude）是一位知名的卡特里派女性，她被丢进井里，用石头砸死了(见"人物传略")。这些暴行无疑是一种恐吓策略,目的是引发当地居民最大程度的恐慌,促使他们放弃抵抗,迅速投降。④

第一阶段:1209—1215 年

十字军于 1209 年 6 月下旬抵达阿尔比。他们首先进攻贝济耶和卡尔卡松(Carcassonne)子爵雷蒙德·罗杰·特兰卡维的领地,他以同情卡特里派而闻名。7 月,他们包围并占领了贝济耶,杀死了城内所有的人。8 月,他们攻占了卡尔卡松。雷蒙德·罗杰亦遭俘获,不久便死于狱中。此后,十字军中的大多数贵族回到北方越冬,剩下的则将西蒙·德·蒙特福特视作他们的领导人。

西蒙·德·蒙特福特是法兰西北部的小贵族。通过母亲的血缘关系,他获得了英格兰莱斯特伯爵的爵位,他的儿子西蒙后来成为莱斯特伯爵,是英格兰国王亨利三世(1216—1272 年在位)的对头之一。蒙特福特是一位虔诚的信徒,参加过第四次十字军东征,是其中少数几位真正抵达圣地的人。但他依然渴望着扩大自己的领地,因为他现有的财产极为有限。1209 年的整个冬天,他都在继续发动军事行动。次年春天,新的十字军战士来到南方,烧毁庄稼、攻占城堡的战火仍在蔓延。

雷蒙德六世伯爵起初倒向十字军,但在卡尔卡松被攻占之后,他便离开了十字军,之后便被怀疑是异端。1211 年初夏,十字军包围了图卢兹。侥幸得脱的雷蒙德六世意识到自己需要帮助。于是,他向阿拉贡国王佩德罗二世请求支援。

佩德罗二世是雷蒙德的大舅子(雷蒙德娶了佩德罗的妹妹埃莉诺),而且他在法兰西南部有领地利益。雷蒙德·罗杰·特兰卡维曾是他的封臣。1212 年 7 月,他率领军队在拉斯纳瓦斯·德·托洛萨

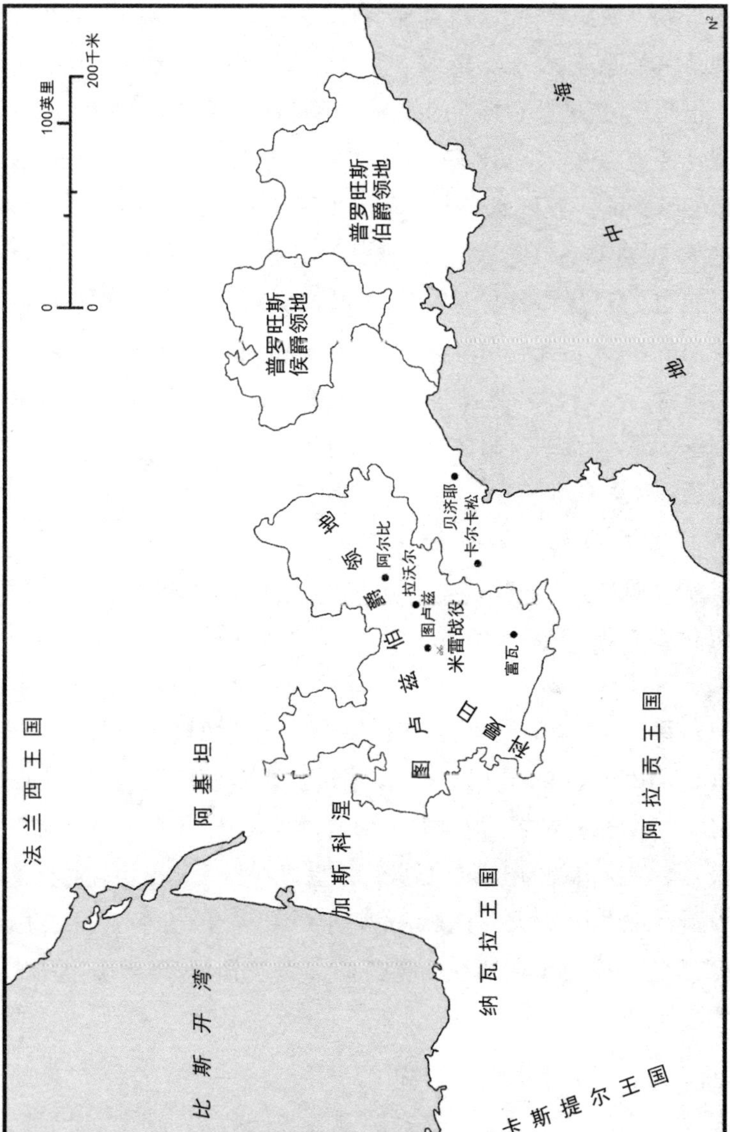

地图 4 阿尔比十字军时期的法兰西南部

战役中击败了穆瓦希德人，赢得了基督教捍卫者的声誉。佩德罗宣布将庇护雷蒙德，还要求英诺森三世出面在朗格多克和平解决这一争端。很明显，这场针对异端的战争已经演变成对土地的争夺了，许多人遭受苦难，甚至被杀死并不是因为他们是异端，实际上，他们都是虔诚的基督徒。教皇命令十字军停止进攻，与对方讲和。但十字军拒绝了，说雷蒙德六世是异端。佩德罗二世发现，用和平的手段无法保证自己的利益和盟友的安全，于是便派军队入侵了朗格多克。雷蒙德伯爵，以及富瓦(Foix)、科曼日(Comminges)的伯爵们纷纷加入他的阵营。1213 年 8 月，他们在米雷与西蒙・德・蒙特福特率领的十字军交战，但败北。佩德罗二世被杀。

随后，西蒙・德・蒙特福特如入无人之境，攻占了图卢兹伯爵领地的北部，并向北进入加斯科涅(Gascony)，攻击所有他听到的有异端藏身的城镇和要塞。1215 年，法国国王腓力二世之子路易也接受了十字架，来到南方加入了这场十字军运动，但他空手而回。

1215 年 11 月，英诺森三世在罗马召开第四次拉特兰会议(Fourth Lateran Council)，这场十字军运动的第一阶段也宣告结束。雷蒙德六世因庇护异端而被剥夺了伯爵领地，西蒙・德・蒙特福特恩准获得了他所占领的土地。雷蒙德六世之子雷蒙德七世接替父亲被封为图卢兹伯爵，但大部分领地都归于西蒙・德・蒙特福特之手。雷蒙德七世还被授予普罗旺斯侯爵的爵位，当时该地未被十字军征服。

第二阶段：1216—1229 年

1216 年，法兰西国王腓力二世接受了西蒙・德・蒙特福特的效忠，后者正式成为图卢兹伯爵、纳博讷（Narbonne）公爵、贝济耶和卡尔卡松子爵。但雷蒙德六世和他的儿子获得了普罗旺斯当地人的支持，开始反击。1217 年秋，图卢兹发生叛乱。雷蒙德六世入主该城，成为反抗德·蒙特福特的领导。

教皇霍诺留三世（Honorius III）下令，为新的十字军运动举行布道。西蒙·德·蒙特福特将图卢兹团团围住，但在 1218 年 6 月 27 日，他被城内掷石器丢出的石块砸死了。“阿尔比战争之歌”中唱到，这掷石器是由当地的木匠制造的，操作它的是一群成年女性以及十几岁的女孩和儿童。⑤阿尔比人认为德·蒙特福特的死是天意。没了蒙特福特的领导，十字军只能撤退——蒙特福特的儿子既不具有父亲的名望，也没有足够的钱。腓力二世拒绝亲自前来相助，而是派来了他的儿子路易。1219 年 5 月，路易率领军队抵达图卢兹，但到了 8 月就撤军了，没有取得什么战果。于是，叛乱的军队控制了这座城市和图卢兹伯爵领地的大部分地区。

自此，这场十字军运动结束了，但战争并未结束。

1222 年 8 月，雷蒙德六世去世，他的儿子雷蒙德七世成为图卢兹伯爵。1223 年，法国国王腓力二世去世，他的儿子路易八世继位。1226 年，路易八世率领一支新的军队进攻雷蒙德七世。他攻占了阿维尼翁，普罗旺斯和朗格多克等地的许多贵族向他臣服，但不久之后他便因病率军撤退了。路易八世死于 1226 年 11 月返回北方的途中。他唯一的儿子——路易九世还是一个孩童，于是由他的遗孀布兰奇王太后（Queen Blanche）摄政。战争仍然在持续，十字军采取了“焦土策略”，逐步蚕食阿尔比人的资源。1228 年，雷蒙德不得不寻求和谈。

1229 年，在《巴黎和约》（Peace of Paris）中，雷蒙德七世向法国国王交出了图卢兹伯爵领地中三分之二的土地，剩下的三分之一得以终身保留。他的女儿让娜（Jeanne）嫁给了普瓦图伯爵阿方斯（Alphonse，路易九世最小的弟弟），所以当雷蒙德七世去世时（1249），他的图卢兹伯爵领地就被全部纳入法兰西王室的掌控之下了。雷蒙德还不得不将一些城堡交给国王控制，并且将其他城堡拆毁。他还必须将普罗旺斯伯爵领地交给国王，将普罗旺斯侯爵领地则交给了教会，但后来他拿回了这片领地。他还不得不答应帮助教会搜寻异教徒。最后，教会还要求他带上十字架前往圣地与穆斯林战斗五年——但他没去。

历史学家对《巴黎和约》的条款褒贬不一。从文本上看，它弊大于利。无论如何，图卢兹伯爵领地都将被法兰西国王的兄弟拿走，失去了独立于法国王室权威的地位。雷蒙德丢掉了他的领地，而对他的严厉惩罚（前往圣地朝圣 5 年）说明他被判处的是同情异端罪，但这是欲加之罪。不过，事实上，其中有些条款并未得到严格执行；雷蒙德没有真的前往东方，还收回了一些领地。1229 年的条款比 1215 年的要宽松，1215 年的条款在南方引起了极大的民怒民怨，而且已经证明了是无法执行的。[6]

虽然 1229 年达成的和平标志着阿尔比十字军运动的结束，但双方的敌意依然持续着。一座又一座由卡特里派支持者占据的城堡被攻占，一个又一个卡特里派教徒被杀死。但是，异端裁判官的行为激怒了当地民众，激发了一些抵抗活动。1242 年 5 月，图卢兹附近的蒙塞居尔（Montségur）城堡的一支武装来到阿维尼奥内（Avignonet）村，他们揪出了一群裁判官，将他们处死。蒙塞居尔的领主同情卡特里派，他的母亲就是卡特里派的完美者。为了报复，法国国王在该区域的代表率军袭击并占领了蒙塞居尔城堡，将它视为卡特里派的根据地而拆除掉了。

阿尔比十字军的结果

十字军运动并未成功清除卡特里派，这个教派一直存活到14世纪。然而，它的确摧毁了支持和保护卡特里派的世俗贵族网络。随着保护人的消失，卡特里派沦为逃亡者，许多人逃到了意大利北部。

十字军运动还开启了法兰西国王在朗格多克地区的权力重建，而这导致了当地独特文化的衰落。尽管这场战争是宗教争端引发的，但从本质上看，阿尔比十字军——就像伊比利亚半岛的十字军一样——是一场事关领土和权力的战争。

今日在朗格多克，人们广泛认为卡特里派是本地精神的代表。他们还被看作朗格多克人文化的象征，是被北方强权压迫的殉难者。这种浪漫化的观点意识到了阿尔比十字军的政治和领地诉求。但它忽略了一个事实，那就是卡特里派在中世纪晚期可能已陷入衰落。卡特里派的宗教信仰鄙视一切物质上的东西，包括人类的爱和家庭生活，这与13—14世纪盛行的信仰是相反的，后者为基督的圣体而庆祝，将人类的爱作为上帝之爱的反映来提倡。卡特里派的信仰使得个人与上帝的联系完全依赖于主教的行为，这与13—14世纪强调个体与基督建立亲密的个人关系、没有任何中介的意识完全相反。即使没有十字军运动，卡特里派也不太可能作为一种狂热的、憎恨世界的宗教而继续存在下去。在十字军运动之前，卡特里派能够如此广泛，说明大多数信徒其实对它的基本宗教信仰并不很感兴趣，他们是被它对世俗权威和财富的拒斥态度而吸引的。

胡斯派十字军运动

胡斯派异端

胡斯派与卡特里派有很大的不同。他们更像是激进的拉丁基督教徒，而不是异端。与大多数中世纪欧洲的异端一样，胡斯派受教育水平较高，还能创作他们自己的文学作品，于1420年4月出版的宣言定义了他们的信仰。这个宣言包含了后来被称为《布拉格四条款》(The Four Articles of Prague)的内容，其中指出：

1. 应该自由地宣讲福音。

2. 所有的信徒都应该平等地领受两种圣餐(Communion should be in both kinds for everyone，“both”的拉丁语是“utraque”，因此胡斯派也被称作“Utraquists”，即“饼酒同领派”)。也就是说，所有基督徒都可以在圣餐礼中分到面包和酒。在当时，平信徒一般只能在圣餐礼中获得面包。胡斯派认为，每个基督徒在受洗之后就都能领受同样的圣餐，每周至少要举办一次圣餐礼。

3. 神职人员应该严格遵循耶稣的生活方式，安于贫困，杜绝买卖圣职(即不买卖教会的职位和圣物)。

4. 所有罪行都应该受到惩治。

这四条是胡斯派中的温和派和激进派都接受的基本出发点，是整个团体能够统一的重要因素。

然而，胡斯主义不仅是一种宗教思潮。它还是一场民族主义、哲学和学术运动，是不公引发的公愤导致的。说它包含了民族主义，是因为这是一场捷克人的运动，反抗的是德意志人给波西米亚施加的

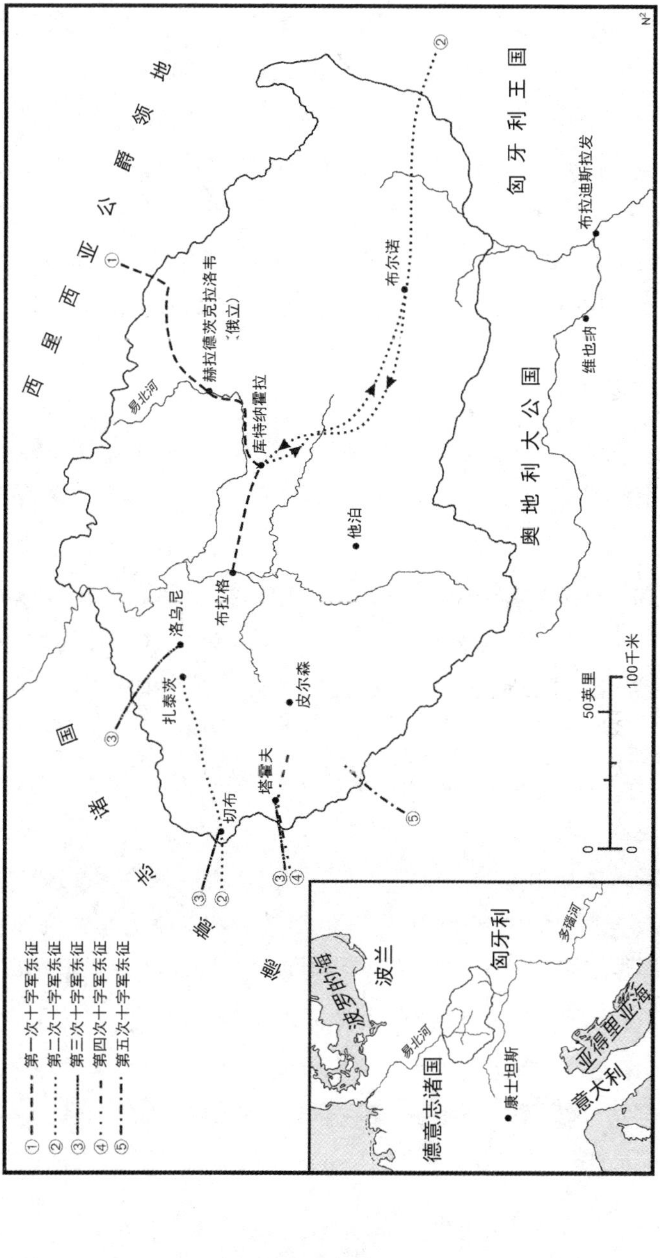

地图5　波西米亚王国和胡斯派十字军运动

强大影响力；说它包含了哲学和学术，是因为胡斯主义与哲学家约翰·威克里夫(John Wycliffe)的著作有联系，而且它发源于布拉格大学，扬·胡斯(John Hus)本人的布道尤其如此；说它是公愤导致的，是因为这场运动的爆发，发生在扬·胡斯殉道之后，也就是爆发于1415年7月胡斯被康士坦斯大公会议裁决为异端而烧死之后。在这场运动中，出现了许多差异颇大的思想流派，因此，《布拉格四条款》对于保持这场运动的统一性起到了至关重要的作用。

胡斯主义的起源和十字军运动的背景

胡斯主义在15世纪早期出现在波西米亚。它的根源是定居在波西米亚的德意志人与当地的捷克人所产生的摩擦，以及西方的皇帝查理四世(1346—1378年在位)所发起的教会改革。在首都布拉格涌现出一大批改革派传教士。他们反对神职人员对财富的占有和不道德的生活，这些举动激怒了神职人员，但在平信徒中却受到了欢迎。这些改革派传教士布道时用的是当地的方言——捷克语。

在布拉格大学，人们对教会改革也怀着很大的兴趣，这种兴趣最初是由英格兰改革家约翰·威克里夫的著作所引发的。扬·胡斯是追随约翰·威克里夫的一众学者之一。他用母语捷克语在教堂里宣讲反对教会腐败的内容。1409年，他当选为布拉格大学的校长。胡斯参与了反对波西米亚国王瓦茨拉夫四世(1378—1419年在位)的斗争，他还站在教会的对立面，并在布道中揭发教会的弊端，最终被逐出教会，之后他自愿流亡到波西米亚南部。在那里，他得以发展自己的观点，继续传布改革主张，还在捷克贵族中获得了支持。

在波西米亚南部发展出了一个激进的基督教支派，该派以一个山中社团为中心，这一社团位于一座被改名为“他泊山”（Mount Tabor，《圣经》中的一座山）的山中。这个团体的目标是建立一个非常朴素的、以《圣经》为基础的基督教，他们相信基督即将再临人间。而后来它成了胡斯派中的一个军事派别。

1410 年，瓦茨拉夫四世的弟弟西吉斯蒙德（Sigismund）被选为神圣罗马帝国的皇帝——他是匈牙利女国王玛利亚（Queen Mary）的丈夫。1414 年，西吉斯蒙德在康士坦斯大公会议期间传召扬·胡斯，命他前来回应一些关于布道的问题。他向胡斯许诺，会保证其人身安全。可当胡斯抵达之后，也就是 1414 年年末，即被抓捕起来审讯。西吉斯蒙德需要通过打压异端来提升自己作为拉丁基督教世界领袖（作为帝国皇帝）的地位，而是否信守诺言则无关紧要。尽管波西米亚贵族提出抗议，但胡斯依然被大公会议定为异端，并在 1415 年 7 月被烧死。

胡斯之死在波西米亚引起公愤。捷克贵族们公开反对康士坦斯大公会议的决定，组成了一个联盟来保卫胡斯派的信仰。而瓦茨拉夫行动迟缓，直到 1419 年才决定做点什么。他解散了布拉格新城的镇议员们，因为他们是胡斯改革理念的支持者，转而替换上了遵守传统的人。这一举动激起了强烈的反应；一名激进的胡斯派传教士带领一队人来到新城市政厅（New Town Hall），要求释放被关押的胡斯派成员。新任议员们拒绝了这个要求，人们冲了上去，将 13 名议员从二楼的窗户丢了出去。这一事件被称作“（第一次）布拉格掷出窗外事件”（Defenestration of Prague），标志着胡斯战争的开始。在胡斯派占领市政厅不久后，瓦茨拉夫就去世了。

西吉斯蒙德继承了王位。胡斯派将他视作谋杀胡斯的凶手，认为他背信弃义，不可信赖。于是，布拉格发生了骚乱，摄政者瓦茨拉夫的遗孀，也就是王后索菲亚（Queen Sophia）也无法控制局势。在波西米亚，天主教徒开始迫害胡斯派信徒；在银矿市镇库特纳霍拉（Kutná Hora），德意志人将胡斯派信徒丢进矿井处死。如果此时西吉斯蒙德立即采取行动，他很有可能控制住波西米亚的局势，但他没有这么做。而当他姗姗来迟以后，还在继续加紧迫害胡斯派信徒。接着，教皇在波西米亚的特使宣布对胡斯派发动十字军运动。波西米亚人因此拒绝接受西吉斯蒙德的统治。不过，多亏了胡斯派统帅扬·杰式卡（John Žižka，见“人物传略”）将他泊派成员组织成一支得力而热忱的战斗部队，他们才能击败西吉斯蒙德，避免了屈服的命运。

对胡斯派发起的战争

1420 年：第一次十字军远征。西吉斯蒙德朝着布拉格进攻。防守该城的是城内的民兵，以及他泊派（来自波西米亚南部）和俄立派（Oreb，来自波西米亚东部）的武装力量。以西吉斯蒙德的军力本来可以对该城进行长时间的围困，但他却撤退了（见地图 5）。

就在围城期间，布拉格的胡斯派领袖对《布拉格四条款》的内容达成一致。胡斯派成员将该条款的副本进行了更为广泛的传播，目的是想赢得更多天主教信众。布拉格的胡斯派成员还想找一个新人来代替西吉斯蒙德。最后，波兰国王瓦迪斯瓦夫·雅盖沃和立陶宛大公维托尔德*的亲戚——一个名叫科雷布特（Korybut）的贵族来到了波西米亚，被推举为摄政者。不过，他始终未能在波西米亚获得

---

* 维托尔德（Witold），即立陶宛大公维陶塔斯（1350—1430），他的父亲曾与雅盖沃有权力之争，因而牵连到维陶塔斯，他于 1382 年出逃，后于 1384 年与雅盖沃和解。他是中世纪时期立陶宛最有名的统治者之一。

实权。他也曾试图与教皇谈判，但这种做法只会引起胡斯派中的激进派的反对。最后，他在1428年被送回了波兰。

1421年：第二次十字军远征。这场战争开始于1421年秋，发生在第一次十字军远征的15个月以后。这是一次规模很大的远征，但西吉斯蒙德耽搁了，有传言称他并不想镇压异端。当时的军事计划是，西吉斯蒙德从东面进攻，德意志人从西面进攻，双方以钳形攻势粉碎胡斯派。德意志军队进攻扎泰茨镇，将该镇包围起来，在围城中，十字军的领袖们发生了争执。两周以后，他们听说一支胡斯派大军马上就要抵达，于是就撤退了。

西吉斯蒙德在10月中旬才到达战场。他在布尔诺(Brno)逗留了一段时间，试图获取信奉大公教会的捷克人的支持。而这一延误，就给胡斯派调集军队赢得了时间。虽然西吉斯蒙德在库特纳霍拉的战斗中取胜，但在扬·杰式卡的领导下，胡斯派通力合作，逼得西吉斯蒙德不得不退兵。

1422年：第三次十字军远征。西吉斯蒙德指派霍亨索伦的弗雷德里克(Frederick of Hohenzollern)负责指挥这场战争。十字军战士缺乏热情，西吉斯蒙德也没有提供什么帮助。最后，弗雷德里克唯一能做的就是去增援被胡斯派包围的卡尔施泰因(Karlstein)。科雷布特与弗雷德里克举行了谈判。就在谈判期间，卡尔施泰因被攻克。十字军就撤退了。

自此役之后，几年之中都没有出现十字军运动。不过，胡斯派信徒中的激进派和温和派发生了冲突。在1422年冬天，他泊派的军事统帅扬·杰式卡脱离了该激进团体，加入了俄立派。胡斯派最终团结在科雷布特亲王周围，继续保持进攻态势。他们在1424年进攻莫拉维亚(Moravia)，而扬·杰式卡在此地丧生了。俄立派拥立了一位新的领袖，名叫普洛科普［即小普洛科普（Prokop the Lesser）］。而他泊派的新统帅为圣徒普洛科普（Prokop Holý），意指“削发的普洛科普”或“光头的普洛科普”。他原本是他泊派的教士，作为一名军事统帅，他很优秀，但并不像扬·杰式卡那么杰出。他改变了胡斯派的策略，原先杰式卡坚持将战争引入波西米亚，而普洛科普则要在波西米亚之外向大公教会开战，通过向拉丁基督教的信徒展示胡斯派的军事力量，来促使他们转换阵营。这些军事行动被合称为“大突袭”（the magnificent rides）。

1427 年：第四次十字军远征。这次军事行动由霍亨索伦的弗雷德里克领导，被教皇描述为一场“灵魂竞争”（spiritual tournament）。教皇的代表（或特使）是温彻斯特（Winchester）主教亨利·博福特（Henry Beaufort）。开战之前，弗雷德里克与胡斯派进行谈判，试图离间温和派和激进派。博福特给胡斯信徒写了一封和解信，要求他们悔改，并回到大公教会中来：“切勿拒绝我们——来吧！”[7]

然而，等到真正出发时，十字军只有一个非常有限的目的——重新攻占一座堡垒。霍亨索伦的弗雷德里克在军中染疾。胡斯派不断前进，十字军纷纷溃散，即便教皇特使挥舞着教皇的旗帜高声呼唤着他们回来战斗，依然无法阻止他们奔逃的步伐。

教皇马丁五世（Martin V）对此役结果的反应是立即计划启动新的十字军运动。他建议招募英格兰军队与胡斯派作战，因为胡斯主义来源于英格兰，胡斯的理念是从约翰·威克里夫的著作中发展出来的。然而，这支远征军并没有前来，而是转战法兰西与圣女贞德战斗去了。

第四次十字军远征之后，胡斯派开启了托马斯·福吉所谓的“国际宣传运动”。[8]他们在欧洲各地散发小册子，介绍胡斯派的纲领。

胡斯派一直希望能够就他们的理念进行一场全面、公开的辩论，但西吉斯蒙德和大公教会绝不会允许这么做。而现在，他们得以向公众展示他们的理念，不再需要国王或教会的允许。胡斯派取得了很大的成功，他们迫使大公教会和西吉斯蒙德根据开列的条款进行谈判。1429 年，谈判在匈牙利的布拉迪斯拉发（Bratislava）进行。虽然这场谈判没有解决任何问题，但胡斯派已经可以额手称庆了，他们通过军事上的胜利，成功迫使教会和西吉斯蒙德坐上了谈判桌。

1431 年：第五次十字军远征。这场军事行动发生在双方谈判失败之后。在两军尚未交战时，十字军就溃逃了。红衣主教朱利安·切萨里尼（Guiliano Cesarini）是这场战争中的教皇特使，他觉得回到谈判桌边才是最好的选择。1433 年，胡斯派受邀参加了在巴塞尔（Basel）举行的大公会议。在上一次大公会议上，扬·胡斯被当作异端烧死；而这一次，胡斯派受到了平等对待。他们终于被允许提出他们的理念，但失望的是，他们发现大公教会并未因他们的宣讲而转变为胡斯的信徒。与此同时，波西米亚的战争仍在持续。

战争的终结，以及胡斯派的影响

1434 年 5 月，胡斯派中的激进派和温和派在利帕尼交战。温和派取得胜利；两位普洛科普都被杀了，他泊派、俄立派和布拉格新城的民兵队伍全被消灭。这才到了胡斯十字军运动真正结束的时候。十字军无法在战争中击败胡斯派，只有胡斯派才能将自己打败。

胡斯派与大公教会重新开启谈判。温和派与西吉斯蒙德和大公教会达成和解。教会允许胡斯派在圣餐中使用圣饼和圣酒。而胡斯派放弃了其余的所有要求。1436 年，捷克人接受西吉斯蒙德为波西米亚的国王。同年 8 月，他和王后芭芭拉（Barbara）进入布拉格。

1437 年 12 月，西吉斯蒙德去世。

在西吉斯蒙德去世后不久，他的女儿和继承人伊丽莎白也去世了，仅留下一个未成年的儿子——拉迪斯拉斯(Ladislas)。波杰布拉迪的乔治(George of Poděbrady)被任命为摄政者。1457 年，拉迪斯拉斯去世，捷克人推选乔治作为波西米亚的国王。尽管欧洲大公教会对他心怀敌意，但他依然以胡斯派国王的身份统治波西米亚，一直到 1471 年。⑨

胡斯派信仰在波西米亚一直持续到 17 世纪 20 年代早期。1618 年，被选为波西米亚国王的费迪南大公(费迪南二世)曾试图强制在国内推行天主教。他颁布了一项禁止新教徒集会的法令，被禁的也包括胡斯派。一些新教领袖冲进了宫殿，揪出王室的代理人，与他们发生争执，其后将他们丢出了窗外，这就是第二次布拉格掷出窗外事件。新教贵族发起反对费迪南的叛乱，他们找来新教选帝侯腓特烈五世来担任国王，腓特烈的妻子伊丽莎白是英格兰国王詹姆士一世(James I)的女儿。[他们的儿子是鲁珀特亲王(Prince Rupert)，因在英格兰内战中的作用而闻名。]不过，腓特烈并未得到岳父的帮助，在 1620 年的白山战役(Battle of the White Mountain)中，新教徒被击败。在随后的三十年战争*中，新教，尤其是胡斯主义在波西米亚被消灭殆尽。

然而，一些胡斯派成员从摩拉维亚和波西米亚逃到萨克森，在那里建立了摩拉维亚教会。18 世纪，摩拉维亚教会的成员远赴美洲，向当地人布道传教。目前，该教会在美国依然非常活跃。在不列颠

* 三十年战争(Thirty Years' War)，发生于 1618—1648 年的一次大规模欧洲国家混战，起因是新教徒和天主教徒之间的冲突，及神圣罗马帝国与其他强国之间的政治斗争。以哈布斯堡王朝战败，签订《威斯特伐利亚和约》而告终。

群岛也有他们的教会。捷克共和国的现代新教徒认为，他们的一些传统也可以追溯到胡斯派。

胡斯派的成就

胡斯运动去除了德意志对波西米亚的影响，捷克人获得了对国家的掌控。胡斯派信徒确保了胡斯派教会的长期独立性——大公教会无法摧毁胡斯派，不得不对他们的信仰给予承认。波西米亚教会的财产世俗化了，废除了什一税。城镇居民获得了更多权力；教会则失去了大部分特权。不过，另一方面，波西米亚在文化和政治上被孤立了。

胡斯派是如何击败十字军的呢？历史学家找到了他们双方的优劣所在。首先，《布拉格四条款》将温和派与激进派团结在一起。尽管胡斯派在其他问题上有分歧，但至少对此能够达成共识。此外，胡斯派信仰在波西米亚社会传播广泛：托马斯·福吉估计，波西米亚人口中有 50%—60%是胡斯派。[10]

这就意味着，波西米亚实际上是一个胡斯派国家，胡斯派信仰是波西米亚体制的一部分。因此，它很难被连根拔起。他泊派和俄立派两个激进团体团结一致、信心十足；他们相信自己是上帝的军队，使命是迎接基督的再临，而他们的敌人代表着敌基督者（Antichrist）。每一次获胜都愈发增添了他们的信心。他们技术娴熟、纪律严明，而且他们的统帅是非常得力而富有想象力的领导者。除此之外，这场运动还得到了布拉格大学知识分子的支持，给予了神学方面的领导，给胡斯派信徒提供了坚实、理性的基础。

而另一方面，西吉斯蒙德无疑犯了严重的错误。他前往波西米亚的步伐太迟缓了，让对手站稳了脚跟；他允许发动十字军运动，允许迫害胡斯派信徒，就让整个国家都站到了对立面。他放任士兵施暴，没有严加管束，人民确信他根本不在乎捷克人的感受。在波西米亚，他不受欢迎，被视为出卖背叛了胡斯的人，是一个外来者，也是外国人的宠儿。此外，他似乎从未意识到对手的力量，也不相信捷克人有拒斥他担任合法统治者的心思，不相信他们竟然对宗教改革如此认真。

然而，西吉斯蒙德的缺陷并非都是他一个人的责任。他有太多事务要处理了；比如与奥斯曼土耳其人作战，以及维持德意志内部各王公贵族之间的和平。他还渴望前往罗马加冕为皇帝，所以他想通过粉碎异端来取悦教皇——所以就无法与捷克的异端举行谈判。

况且，西吉斯蒙德并非唯一低估了胡斯派的人。十字军也无法相信，那些没有战斗经验、非贵族出身的人——孱弱的暴民们——仅凭自己的力量就能击败他们。人们告诉十字军，胡斯派崇拜魔鬼，所以他们相信是魔鬼在帮助胡斯派，这让他们非常恐惧。德意志的王公贵族还缺乏统一得力的领导者，没人帮他们设计一种可行的战略，也没有人在战争中发挥协调作用。协商十字军行动计划的会议乏人出席，德意志的城镇也不愿意为此捐款。然而，如果德意志人不继续投身讨伐胡斯派的事业，那就没有其他国家的人可以指望了。当时英法爆发战争，圣女贞德的出现让英格兰人不得不把前往讨伐胡斯派的十字军分派一部分前往法兰西。十字军运动的动因之一就是赢得荣誉和光荣，在法兰西通过骑士之间的战争所获得的荣誉，要比到波西米亚和所谓的"恶魔信徒"交战多得多。

可以说，相比起战争来，谈判是更有效的策略，因为胡斯派从根源上存在着分歧。每当外界的压力减轻，贵族、布拉格的民众和激进的他泊派之间就分崩离析了。比如，他泊派要烧毁所有宏伟的教堂和修道院，其中部分原因是为了摧毁偶像崇拜，但还有一部分原因是大多数他泊派信徒来自贫穷的农村，他们对炫耀贵族财富的行为表示厌恶。布拉格民众则对建筑遗产十分自豪，而贵族们也不希望他们的教堂被拆毁。一个聪明的对手本该懂得利用这些分歧。然而，军事行动却逼迫着所有捷克人团结起来，一起来对抗他们共同的敌人。简而言之，对抗胡斯派，十字军远征是一件错误的武器。

注释：

① Malcolm Lambert, *The Cathars* (Oxford and Malden, MA: Blackwell, 1998), pp. 49 - 53.

② Malcolm Barber, "Women and Catharism," *Reading Medieval Studies* 3 (1977): 45 - 62; 重印于 Malcolm Barber, *Crusaders and Heretics, 12th—14th Centuries* (Aldershot, Hants., and Brookfield, VT: Variorum, 1995), no. III; Richard Abels and Ellen Harrison, "The Participation of Women in Languedocian Catharism," *Mediaeval Studies* 41 (1979): 215 - 251; Peter Biller, "The Common Woman in the Western Church in the Thirteenth and Fourteenth Centuries," in W. J. Sheils and Diana Wood, eds., *Women in the Church: Papers Read at the 1989 Summer Meeting and the 1990 Winter Meeting of the Ecclesiastical History Society; Studies in Church History* 27 (1990): pp. 127 - 157。

③ Norman Housley, "Politics and Heresy in Italy," *Journal of Ecclesiastical History* 33 (1982): 193 - 208.

④ Malcolm Barber, "The Albigensian Crusades: Wars Like Any Other?" in Michel Balard, Benjamin Z. Kedar, and Jonathan Riley-Smith, eds., *Dei Gesta Per Francos: Études sur les croisades dédiées à Jean Richard: Crusade Studies in Honour of Jean Richard* (Aldershot, Hants., and Burlington, VT:

Ashgate, 2001), pp. 45 - 55.

⑤ *The Song of the Cathar Wars: A History of the Albigensian Crusade*, trans. Janet Shirley (Aldershot, Hants., and Brookfield, VT: Ashgate, 1996), p. 172.

⑥ Lambert, *Cathars*, p. 137.

⑦ G. A. Holmes, "Cardinal Beaufort and the Crusade against the Hussites," *English Historical Review* 88 (1973): 721 - 750, 此处见 722 - 723。

⑧ Thomas Fudge, *The Magnificent Ride: The First Reformation in Hussite Bohemia* (Aldershot, Hants, and Brookfield, VT: Ashgate, 1998), p. 108.

⑨ Otakar Odložilík, *The Hussite King: Bohemia in European Affairs, 1440—1471* (New Brunswick, NJ: Rutgers University Press, 1965).

⑩ Fudge, *The Magnificent Ride*, p. 276.

第五章
在巴尔干对抗奥斯曼土耳其人的十字军运动

奥斯曼人的起源

奥斯曼人是信奉伊斯兰教的突厥人中的一支，在14世纪初才第一次引起了其他国家的注意。在它之前的塞尔柱帝国在13世纪中叶以前就因为蒙古人的入侵而瓦解了，到了14世纪初，小亚细亚实际上处于权力真空状态。伊尔汗国(il khāns)，也就是当时统治伊朗的蒙古帝国，无力控制权力中心以西那么遥远的地方；而拜占庭帝国此时也无法对博斯普鲁斯海峡(Bosphorus)以东的领土施加保护。整个小亚细亚被许多突厥小领主所分割。其中一块地盘是奥斯曼(Osman)的埃米尔国，在拜占庭帝国时期，它属于比提尼亚王国(Bithynia)(见地图6)。[①]

“奥斯曼帝国”的名称来源于奥斯曼家族所建立的王朝。奥斯曼本人和他的后代快速地扩张着他们的领土，征服了拜占庭和其他突厥人在小亚细亚的领土。奥斯曼帝国的统治者并非直接统治着他们的土地，而是将土地细分，任命地区管理者来代为统治。这些管理者负责为军队提供兵员和征收税赋。他们通常是统治王朝的成员和值

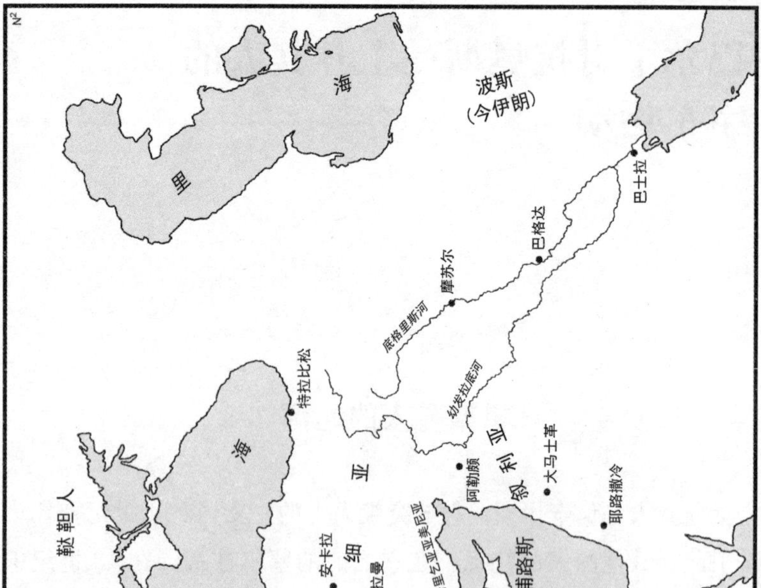

地图6　奥斯曼征服期间的巴尔干地区和中东

得信赖的属下。

除了正式的战争外，奥斯曼帝国还会对敌人的领土发动突袭，掠夺战利品和俘虏。俘虏被卖作奴隶，其中一部分被献给苏丹，成为帝国的管理者和战士。* 由于劫掠无法提供足够的奴隶，从 14 世纪开始，奥斯曼帝国还征召基督徒臣民成为奴隶**——尽管伊斯兰律法禁止此种行为。根据律法，犹太人和基督徒应该享有宗教自由，只要他们没有成为穆斯林，就不能被奴役。奥斯曼人也许会辩称，被掳去做奴隶的男孩能受到良好的教育，住豪宅、穿华服，还能通过给苏丹服务而获得很好的职业。但这种说法忽略了一个事实——这些孩子都是被迫与他们的家乡、家族和宗教分开的。每 40 个男孩就有一个被征召，这导致了帝国内基督徒巨大的悲痛和深深的怨恨，也引发了西方基督徒的恐惧。[②]

即便在那个普遍暴力的年代，奥斯曼人也因对待敌人格外野蛮而闻名。其中最著名的例子包括巴耶济德一世在 1396 年尼科波利斯战役后处决了几乎所有俘虏(当时的普遍做法是将俘虏关押起来，以换取赎金或变卖为奴隶)；1462 年，得到不被砍头承诺的人向穆罕默德二世投降，这 400 名俘虏却被他竖着劈成了两半；原先承诺弃城投降即可保命的守军也会被杀死(这与同时代的习惯做法相悖，通常来说这种承诺是会被遵守的)；1480 年，他们洗劫了意大利城市奥特朗托(Otranto)，“八百殉道者”(基督徒)被杀(类似的劫掠是当时战争中普遍的一环，但被袭击的城市是意大利的主要港口，而且距离罗

---

* 在当时的社会环境下，土耳其语中的奴隶(kul)并不意味着屈辱，而是有一定的地位，尤其是苏丹的“奴隶”，他们往往更接近权力，有更多的发展机会。

** 即血税制度。在奥斯曼帝国获得新的领土时，会从基督徒臣民中抽取血税，征召这些家庭中的孩子进行军事训练。

马很近)。同时代的西方人认为,这些行为远比十字军、阿尤布人,或者马穆鲁克人在圣地十字军运动期间的暴行严重得多。西方基督教世界确信,奥斯曼土耳其人是残忍嗜血的野蛮人。③ 在之后的几个世纪里,这一名声将妨碍奥斯曼帝国赢得欧洲大国的承认。

奥斯曼帝国的扩张

拜占庭皇室内部的纷争给予奥斯曼人扩张的良机。1346 年,奥斯曼的儿子奥尔罕(Orha)与正在争夺拜占庭皇位的约翰六世·坎塔库泽努斯(John VI Kantakouzenos)结为联盟,坎塔库泽努斯将女儿狄奥多拉嫁与奥尔罕,以换取他的军事援助。后来,奥尔罕接收了一座达达尼尔海峡(Dardenelles)西岸的要塞,他的军队还在热那亚人的帮助下进一步攻占了加里波利(Gallipoli)和其他城镇。自此,奥斯曼人在欧洲扎下根来,进而继续劫掠和征服欧洲和小亚细亚的领土。

自从 1291 年丢掉圣地以来,东方的十字军运动一直处于低潮期。自 1309 年起,军事宗教修会医院骑士团就以罗德岛为基地,一直对小亚细亚的一些突厥埃米尔国发动战争,同时也与其他酋长国结盟。威尼斯人和热那亚人互相合作,与医院骑士团结成海军联盟以共同对抗突厥人。1344 年,其中的一次联合行动成功地占领了突厥人的重要港口士麦那(今伊兹密尔),但 1350 年,威尼斯和热那亚之间爆发了战争,海军联盟宣告终结。

1359 年,教皇英诺森六世下令进行十字军布道。他在东地中海地区的特使彼得·托马斯组织了一支由威尼斯人和医院骑士团的船只组成的海军。这支军队成功地从奥斯曼土耳其人手中夺回了一些土地，但又在土耳其人的反击中丢掉了。1366 年，又有一支十字军前往东方。指挥的是萨伏依的阿梅迪奥六世（Amedeo VI of Savoy），他是拜占庭皇帝约翰五世的表弟。他与拜占庭人合作，成功地夺回了加里波利。

当时，奥斯曼造成的威胁还不是很严重。14 世纪 60 年代最著名的十字军行动对抗的并非奥斯曼人，而是埃及的马穆鲁克人；1365 年，塞浦路斯国王彼得一世占领了埃及的亚历山大港。几天之后，他便弃城而去，彼得一世所要的似乎只是战利品，以及破坏埃及的贸易，这将让塞浦路斯受益。尽管当时西欧的武士们主要是投身于英法战争，而不是去参加十字军东征，但彼得一世的行为还是受到了西方的称赞。1375 年，当马穆鲁克人征服了奇里乞亚亚美尼亚的基督教王国时，西方没有提供任何援助，甚至塞浦路斯和罗德岛也没有帮忙。

然而，1369 年奥斯曼统治者穆拉德（Murad）占领了阿德里安堡（Adrianople）。自此，君士坦丁堡已经被奥斯曼的领土所包围。穆拉德将首都迁到了一座新城市。尽管匈牙利国王拉约什（Louis）没有采取任何行动，但塞尔维亚人还是试图与奥斯曼人一战。1371 年，两位塞尔维亚王公率领着一支远征军前往攻击奥斯曼人，却在阿德里安堡附近马里查河（Maritza River）上的茨尔诺曼（Crnomen）被击败。教皇格列高利十一世（Gregory XI）试图组织另一场十字军运动，但英法战争以及威尼斯和热那亚之间的战争分散了欧洲武士和统治者的注意力。因此，教皇转而指望医院骑士团这个军事修会来领导一场战争。他下令对骑士团所有的财产进行调查，以了解如何在十字军东征上最好地利用它们。这次调查所显示的是医院骑士团早就知道的事实：1348—1349 年的黑死病和不断增加的成本削减了骑士团的人员数量和在西方的财富，骑士团根本无力发起一场针对土耳其人的战争。但教皇还是让医院骑士团接管了士麦那的防御任务，此外，骑士团还要负责摩里亚（也就是位于希腊南部的伯罗奔尼撒）的防御任务，为此，他们还招募了雇佣兵来协助。1377 年，医院骑士团的大团长，教皇信赖的朋友胡安·费尔南德斯·德·埃雷迪亚（Juan Fernández de Heredia）率领一支远征军攻击奥斯曼的盟友阿尔巴尼亚人。战争取得了一些成果，但灾难随后而至。骑士团的军队遭到伏击，埃雷迪亚也被俘虏。虽然骑士团很快就将他赎回，但到了 1378 年，这场十字军行动的尝试便宣告停止了。这一年格列高利十一世去世了。当时选出了两位继位的教皇，由此导致的“大分裂”（great schism）一直持续到 1415 年。

与此同时，穆拉德持续地扩张着奥斯曼的版图。他迎娶了保加利亚沙皇*希什曼的姐妹他玛（Thamar），将希什曼收为自己的附庸。1372 年，穆拉德入侵希腊北部；1387 年，他攻占了塞萨洛尼基（Thessaloníki）。同一年，已经征服了马其顿南部的他指挥军队向北攻入塞尔维亚，并占领了索菲亚城。不过此后他败给了塞尔维亚的拉扎尔（Lazar），只好选择了撤退。奥斯曼土耳其人的其他军队继续向南施压，攻击伯罗奔尼撒人，但因卡拉曼（Karaman）的穆斯林埃米尔袭击了东部领土，穆拉德不得不将军队撤回小亚细亚应战。

1389 年，穆拉德重返塞尔维亚，他的军队在科索沃平原与拉扎尔的军队遭遇。此役中，穆拉德和拉扎尔双双被杀，双方都损失惨重。土耳其人占领了此地，宣布自己为胜利的一方，但付出了沉重的

* 沙皇（Tsar），这一头衔是指东部和南部斯拉夫统治者或东欧的最高统治者。最初是 10 世纪由保加利亚的统治者使用的，自 1547 年后主要为俄罗斯的帝国统治者所用。

代价。穆拉德的儿子巴耶济德继位。就在科索沃的消息传播开来时，奥斯曼的伊斯兰邻国正在小亚细亚攻击奥斯曼人的领土，巴耶济德在继位的头几年忙着和他们作战。而后他又回到了欧洲战场，继续巩固奥斯曼的统治并扩张领土。

匈牙利国王拉约什于1382年去世，他的女儿玛利亚和丈夫西吉斯蒙德继位。西吉斯蒙德看到了土耳其人的危险，开始组织十字军。在西方，1384年英法休战后，法兰西国王查理六世(Charles VI)的家庭教师菲利普·德·梅济耶尔(Philip de Mezières)发起了一场十字军战争。1390年，波旁公爵(Duke of Bouron)也组织了一场十字军远征，奔赴至如今突尼斯的马赫迪耶。1396年，由法兰西和勃艮第贵族组成的一支大型远征军前往匈牙利。这支军队在布达(Buda)与西吉斯蒙德的军队会合后一同南下，攻击巴耶济德的军队。他们攻占了一些土耳其人的堡垒，接着双方在多瑙河上的尼科波利斯遭遇。十字军被彻底击败，西吉斯蒙德潜逃，但有大量十字军战士被俘获，他们都被巴耶济德下令处决，只有少数被赎回。

同时代的资料并没有说清楚为何十字军会输得如此惨重。很明显，穆斯林的军队有更好的纪律和指挥，但这并不足以让他们取得这么大的胜利。十字军似乎没有采用合适的战术，可能他们采用了西方惯用的骑兵冲锋(也就是马背冲锋)来主动发起进攻，也许将步兵安置在前面等待穆斯林攻击的防御策略会更为明智些，或者是十字军被敌军的佯装撤退给误导了，掉进了埋伏圈。不过无论如何，这场失败打消了从英格兰和法兰西调集人马发起第二次、第三次十字军战争的计划。④

然而，巴耶济德也没能在匈牙利取得进展。相反，他返回小亚细亚去处理当地的问题，并在接下来的几年一直在该地区打仗。“跛子”帖木儿——一位杰出而残酷的军事领袖，建立了一个以撒马尔罕(Samarkand)为中心的中亚帝国——于1400年将疆土扩张到巴耶济德的领土边上，还于1402年入侵了巴耶济德的疆域。双方爆发了安卡拉之战(battle of Ankara)。此役中，巴耶济德被俘，而后在囚禁中丧命。接下来的一年，帖木儿对小亚细亚大肆劫掠，而后返回了东方。

巴耶济德一世战败后，他在小亚细亚的领土分裂。在混乱中，欧洲的基督徒迫使他在欧洲的继承人苏莱曼吐出了一些领土。在这数年间，巴耶济德的儿子们互相攻伐，奥斯曼帝国扩张的步伐停了下来。最终，在1413年，他最小的儿子穆罕默德一世(Mehmed I)获胜，控制了帝国。

尼科波利斯之战后，一直到15世纪50年代，才又出现了前往巴尔干半岛对抗土耳其人的大规模远征军。而在这期间内，虽然零星的基督教势力，如威尼斯人、塞浦路斯国王和罗德岛的医院骑士团等，不断在海上袭击土耳其人，匈牙利国王西吉斯蒙德也曾在陆上与土耳其人交战，但这些都没能发展成为全面战争。不过，即便是单个国家也能为奥斯曼人带来巨大打击：1416年，一支威尼斯舰队在海战中摧毁了奥斯曼帝国的舰队。失去了舰队，穆罕默德一世就无法骚扰希腊群岛或沿岸城市，也无法攻击罗德岛和塞浦路斯了。

1422年，穆罕默德一世的继任者穆拉德二世(Murad II)曾经围攻君士坦丁堡，但囿于帝国其他地方的问题不得不撤退。他征服了小亚细亚的领土，并于1430年从威尼斯人手中夺回了塞萨洛尼基。他还与西吉斯蒙德就塞尔维亚的控制权在巴尔干半岛进行战争。1433年，他获得了阿尔巴尼亚的控制权；1439年，又征服了塞尔维亚。而后，他开始进攻匈牙利，遭到了亚诺什·匈雅提(见“人物传略”)的抵抗。在1443—1444年之间，由匈雅提和波兰的瓦迪斯瓦夫三世[他还被选为匈牙利国王，即雅盖隆王朝的拉斯洛(Ladislas the Jagiełłonian)]，教皇特使、红衣主教朱利安·切萨里尼，以及塞尔维亚大公焦尔吉·布兰科维奇(George Brankovic)率领的十字军深入土耳其境内，但被冬天的气候阻挡只能撤退。而在1444年末，匈雅提和瓦迪斯瓦夫三世第二次率军进攻，在瓦尔纳与土耳其人遭遇。战争打得很焦灼，但最终基督徒的军队覆灭，瓦迪斯瓦夫三世被杀。

自从1369年以来，君士坦丁堡就一直处在奥斯曼帝国的包围中。瓦尔纳战役之后，它更不太可能获得军事援助了。匈牙利方面，贵族们在选择继承人的问题上争执不休；而在西方，只有勃艮第公爵腓力对东方事务表现出兴趣。1453年春，年轻的苏丹穆罕默德二世(Mehmed II，见“人物传略”)对君士坦丁堡进行了围攻。在5月29日这一天，这座城市在猛烈的攻击中陷落，遭到了洗劫。穆罕默德二世下令缩短洗劫城市的时间，并将首都搬到了这里。他允许希腊东正教存续，并为教会指定了牧首，还允许基督徒举行宗教仪式。通过对君士坦丁堡的统治，穆罕默德宣布自己已经掌握了罗马统治世界的权力。他重组了政府，编撰法律，并鼓励贸易。

西欧人对君士坦丁堡的陷落表示震惊，他们担心穆罕默德下一步将要入侵意大利。然而，尽管教皇、勃艮第公爵和阿拉贡国王积极推动，依然没有成功发起新的十字军运动。穆罕默德在巴尔干继续征战，巩固他对塞尔维亚的统治，并向匈牙利推进。1456年，他围攻了贝尔格莱德，被匈雅提的十字军击退。不过这场失败并未阻挡他，在1458年，塞尔维亚被他收入囊中。之后，他又分别于1462年和1463年占领了瓦拉几亚(Wallachia)和波斯尼亚。

穆罕默德还在海上发动攻击，占领了热那亚和威尼斯控制的城镇和岛屿，以及前拜占庭的领土，如 1461 年攻占了特拉比松[Trebizond，即如今的特拉布宗(Trabzon)]。1463 年，威尼斯人对奥斯曼人进行了一次反击，未能夺回莱斯博斯岛[Lesbos，米蒂利尼(Mitylene)]，但他们与阿克科维鲁帝国*(领土大致是如今的伊朗和伊拉克)的统治者乌尊·哈桑(Uzun Hasan)建立了反奥斯曼的同盟。[5]匈牙利人也加入了这个同盟。但在 1470 年，奥斯曼帝国从威尼斯手中夺取了内格罗蓬特[Negroponte，优卑亚岛(Euboea)]，并于 1473 年击败了乌尊·哈桑。在 15 世纪 70 年代晚期，穆罕默德开始袭击意大利本土，最终的成果是在 1480 年占领了奥特朗托，这达到了巅峰。1480 年，他还派出海军围攻罗德岛，但未能攻占(见"文献十二")。

穆罕默德于 1481 年去世，当时他正准备一场新的战争。基督徒重新夺回了奥特朗托，而奥斯曼帝国却因穆罕默德的两个儿子——巴耶济德和杰姆(Jem)的继位之争而陷入分裂。后来，杰姆逃到了罗德岛，向医院骑士团寻求帮助，巴耶济德与骑士团达成协议，他向骑士团支付岁贡，而骑士团得保证不让杰姆碍他的事。虽然在巴耶济德二世统治时期，奥斯曼人依然在袭击匈牙利的边境，并在巴尔干半岛内采取一些军事活动，但这一时期总体来说是奥斯曼帝国与西方基督教世界和平相处的时期。巴耶济德把注意力集中在眼下他的南方邻居——马穆鲁克人身上。

在匈牙利，国王马加什·科尔温(Matthias Corvinus，亚诺什·匈雅提之子)是对抗奥斯曼帝国的得力统帅。他于 1490 年的去世让匈牙利陷入了政治动荡。巴耶济德希望乘机夺取一些领土，但没有

* 阿克科维鲁帝国(Akkoyunlu Empire)，即白羊王朝所统治的帝国，因其旗帜上绘有白羊图案而得名。

成功。1495年，法兰西国王查理八世成了杰姆的庇护者，并宣布发动十字军远征前往东方，要帮杰姆夺回奥斯曼帝国的王座。但杰姆却突然死了。有流言称，是出身波吉亚家族*的教皇亚历山大六世毒死了他，目的是防止法兰西人利用他来对抗巴耶济德，（流言称）亚历山大与巴耶济德结成了同盟。⑥

杰姆死了以后，巴耶济德可以更加自如地采取行动了。波兰国王扬·奥尔布拉赫特(John Albert，逝于1501年)试图争夺摩尔达维亚的控制权；巴耶济德挫败了这一企图，并与俄国南部的鞑靼人结成同盟，在1498年袭击了波兰。与此同时，他还组建了自己的舰队，不仅建造自己的船只，还模仿基督徒海军的惯例，雇用海盗船——得到许可的海盗——加入他的舰队。这样一来，即便没有巴耶济德自己的舰队，这些海盗也可以继续在海上打击基督教势力。巴耶济德与威尼斯之间爆发战争，威尼斯人遭受重创。教皇亚历山大六世允准给予威尼斯人十字军特赦，但无法说服其他基督教势力来援助共同对抗穆斯林。其他意大利城市乐于看见强大的威尼斯人成为输家；米兰和那不勒斯与巴耶济德联合起来与威尼斯人作对。威尼斯人曾游说匈牙利人给予支持，但他们在对抗奥斯曼帝国这方面一筹莫展，很快，威尼斯和匈牙利分别于1502年和1503年与奥斯曼人达成了和解。

16 世 纪

伴随着16世纪的到来，西方基督教世界与奥斯曼帝国之间的战

---

* 波吉亚家族(Borgia)，在14—16世纪极具影响力的一个意大利的家族。

争进入了新的阶段。十字军的观念依然很活跃；对抗奥斯曼帝国的战争依然被宣扬为十字军运动，参加的人会得到“十字军特赦”的承诺。奥斯曼帝国对信奉基督教的欧洲造成了巨大威胁，而十字军运动依然能够为应对这种威胁提供最好的框架。然而，与此同时，奥斯曼帝国本身正在成为欧洲政治舞台上的重要力量。在圣地和伊比利亚半岛，基督教势力经常与穆斯林势力结成同盟，而波兰和条顿骑士团也常与信奉异教的立陶宛联合。16 世纪，主要的基督教国家，如[16 世纪 20 年代弗朗索瓦一世（Francis I）统治下的]法兰西和（16 世纪 80 年代伊丽莎白一世统治下的）英格兰，开始与奥斯曼土耳其人建立友好的外交联系。

1512 年，苏丹巴耶济德二世退位，他的儿子塞利姆（Selim）继位。塞利姆的首要任务是对付中东的穆斯林敌人。1516 年，他在阿勒颇北部的达比克草原（Marj Dabiq）击败了马穆鲁克苏丹坎苏·葛里（Qansuh Ghawri）所率领的军队。马穆鲁克苏丹被杀，军队四散而逃。塞利姆攻占了叙利亚、黎巴嫩和巴勒斯坦，并于 1517 年占领了埃及。现在，马穆鲁克和奥斯曼统一到了同一位苏丹手中。

1520 年，塞利姆去世，他的小儿子苏莱曼一世继位。他被西欧人称为“大帝”（见“人物传略”）。1521 年，他进攻匈牙利，占领了贝尔格莱德。1522 年，他率海军包围罗德岛。罗德岛的守军投降，1523 年年初，医院骑士团撤离了该岛。

德国的王公们非常担心苏莱曼对匈牙利的进攻，但很明显的是，欧洲的基督教大国中没有一个会发起一场十字军运动。法兰西国王弗朗索瓦一世在 1525 年帕维亚战役（Battle of Pavia）中被俘，成了皇帝查理五世的囚徒。而在德国，马丁·路德及其追随者的布道引发了人们普遍的质疑：教皇是否可以合法地呼召十字军来对抗非基督徒？那些支持路德的王公们逼迫皇帝在宗教上做出让步，这样他们才可能提供军事支援，从帮助他对抗土耳其人。最终，1526 年举行的施派尔会议（Diet of Speyer）同意支出一笔钱来帮助匈牙利人。但是，1526 年匈牙利军队在莫哈奇（Mohács）被击败，国王拉约什二世被杀。苏莱曼占领了匈牙利首都布达。之后，由于小亚细亚发生叛乱，他不得不返回，但匈牙利国内却因为继承问题陷入政治动荡而分裂。法国国王弗朗索瓦一世，曾于 1518 年和 1520 年派海军对抗土耳其人，还在 1526 年宣称他的主要任务是组织一场对抗土耳其人的远征，但如今也和苏莱曼展开外交接触。与土耳其人相比，他更担心德国、西班牙和意大利的统治者查理五世对法国的威胁。弗朗索瓦希望利用土耳其人来分散查理五世的注意力，避免他进攻法国的领土。

1529 年，苏莱曼重返巴尔干，将他的盟友亚诺什·扎波尧伊（John Zápolya）立为匈牙利国王，他还袭击了巴伐利亚和波西米亚，包围了维也纳。德国陷入恐慌；天主教和新教的王公们联合起来组成了一支军队前往解围。苏莱曼撤军。1532 年，他又再次率军前来，不过还是未能达到目的而撤军。

奥斯曼帝国扩张的终结

基督徒在维也纳的胜利远不意味着奥斯曼帝国对基督教欧洲的威胁已经结束。直到 18 世纪，土耳其人的战舰和他们资助的海盗都持续侵扰着地中海地区的基督徒船只和定居点，一直在破坏贸易，掠夺着奴隶和战利品。在不断的攻击之下，岛屿变得无法居住，沿海的港口也经常处于危险之中。1565 年，苏莱曼的军队围攻了马耳他岛，但遭遇挫败。奥斯曼人于 1571 年占领了塞浦路斯，伴随而来的是围攻期间和占领之后发生的骇人听闻的暴行。克里特岛在 1645—1669 年一直遭到包围，尽管欧洲提供了所有援助，最终还是被土耳其人攻克。1683 年，土耳其人第二次包围了维也纳。天主教建立了对抗奥斯曼人的神圣联盟。在失去基地许多年之后，医院骑士团终于在 1530 年从皇帝查理五世那里获得马耳他岛。从这个基地，医院骑士团持续地在地中海对奥斯曼人发动海上袭击，而宗教改革后的条顿骑士团也参加了在匈牙利发动的对土耳其人的战争。条顿骑士们参与了 1668 年克里特岛之战、1697 年森塔(Zenta)之战、1717 年贝尔格莱德之战，还为德国的皇帝对抗法国人而战。⑦

然而，奥斯曼帝国止步于维也纳，未能在欧洲有所寸进。在这一方面，1529 年由天主教徒和新教徒组成的联军在维也纳击败苏莱曼军队的战争，可以被看作一个适合的时间节点，用以作为这一章简短调查的结尾。欧洲的新教徒会为战胜土耳其人而喝彩，就像 1565 年的马耳他之战，或是 1571 年的勒班陀之战那样，但他们不能参加十字军，因为他们不认可“特赦”，也不承认教皇的权威。1529 年后，欧洲的基督徒继续对奥斯曼人发动“圣战”，但这些战争不再是西方基督教世界联合对抗共同敌人的战争。随着新教改革的到来，中世纪意义上的十字军运动永远地改变了。

注释：

① 关于奥斯曼人的起源和历史，见 Colin Imber, *The Ottoman Empire, 1300—1650: The Structure of Power* (Basingstoke and New York: Palgrave Macmillan, 2002)。本章的大部分内容都是基于他的研究。

② Imber, *Ottoman Empire*, pp. 128 - 137.

③ Imber, *Ottoman Empire*, p. 15; Kenneth M. Setton, *The Papacy and the Levant (1204—1571)*, Vol. 2, *The Fifteenth Century* (Philadelphia: American Philosophical Society, 1978), p. 238, p. 249, p. 327, p. 345.

④ Norman Housley, *The Later Crusades: From Lyons to Alcazar, 1274—1580* (Oxford and New York: Oxford University Press, 1992), pp. 76 - 78.

⑤ Imber, *Ottoman Empire*, pp. 32 - 34.

⑥ Abbé de Vertot, *Histoire des chevaliers hospitaliers de S. Jean de Jérusalem, appellez depuis chevaliers de Rhodes, et aujourd'hui chevaliers de Malte*, 5 vols. (Paris: Rollin, Quillau and Desaint, 1726), bk. 7, vol. 3, pp. 191 - 192.

⑦ Kenneth M. Setton, Venice, Austria, and the Turks in the Seventeenth Century (Philadelphia: American Philosophical Society, 1991); George Hill, A History of Cyprus, vol. 3, The Frankish Period, 1432—1571 (Cambridge: Cambridge University Press, 1948), pp. 950 - 1040, especially pp. 1032 - 1033, 1035, and note also pp. 986 - 987; Helen Nicholson, The Knights Hospitaller (Woodbridge, Suffolk, and Rochester, NY: Boydell, 2001), pp. 121 - 129; Bernhard Demel, "Welfare and Warfare in the Teutonic Order," in Helen Nicholson, ed., The Military Orders, vol. 2, Welfare and Warfare (Aldershot, Hants., and Brookfield, VT: Ashgate, 1998), pp. 61 - 73,此处见 pp. 70 - 72。

第六章
结论：历史上十字军运动的影响

十字军运动的直接影响

十字军运动的结果，因地域的不同而有所不同。在中东，穆斯林战胜了十字军。在巴尔干，十字军没能抵挡住奥斯曼土耳其人在14世纪对东欧的入侵和征服。然而，十字军确实延缓了伊斯兰世界的扩张。萨拉丁没能通过地中海，没有占领欧洲，他的朋友巴哈丁·伊本·沙达德（Bāhā'al-Dīn ibn Shaddād）确信他的宏愿正是如此。14世纪晚期，当奥斯曼土耳其人挺进巴尔干半岛时，他们的扩张因阿尔巴尼亚人、塞尔维亚人和匈牙利人的军事行动（包括十字军）而放缓。奥斯曼土耳其人直到1529年才到达维也纳，还被十字军击退了。

直到19世纪，奥斯曼帝国一直统治着巴尔干半岛、埃及和中东地区。当这个帝国衰落的时候，西欧诸强为它提供了支持，将它视作在巴尔干地区对抗俄国扩张的一道屏障。19世纪80年代，埃及被英国人占领，而法国和德国，以及后来的意大利都对北非和中东事务极感兴趣。奥斯曼帝国在第一次世界大战中被拖垮，法国和英国在中东新国家中扮演了核心角色。沿袭着祖先在十字军运动中的传统，西欧各国对奥斯曼帝国的干涉就变得“正当”了。事实上，中世纪的十字军运动和19、20世纪的帝国主义之间并不存在宗教和时间上的延续性。

十字军运动在中东还留下了另一个方面的直接遗产。1291年耶路撒冷王国灭亡之后，叙利亚和巴勒斯坦的穆斯林统治者继续允许基督教朝圣者拜访圣地。可以说，如果朝圣受阻，十字军就会加大威胁，因此当地的统治者更倾向于不去阻碍这种朝圣行为。存在于中东的、对朝圣者进行协助的欧洲宗教修会网络，可以追溯到十字军诸国时期。如果没有十字军诸国的存在，前往圣地的朝圣者会发现他们的旅程要更加困难和危险。

相比之下，伊比利亚的十字军运动则实现了他们的目标，基督教统治者取代了穆斯林。最初，统治者允许被征服的穆斯林保持他们自己的法律和宗教。直到今天，伊比利亚半岛上还保留着许多美丽的伊斯兰建筑。然而，1492年格拉纳达沦陷后，不同宗教团体在半岛上共存的状态就终结了。不仅是穆斯林，就连犹太人和与官方信仰不同的基督教团体都被强迫改信大公基督教。

十字军对欧洲东北部造成的影响要更复杂。普鲁士和波罗的海诸国对异教徒的十字军运动，与德意志对这些地区的殖民活动同时发生。条顿骑士团征服了普鲁士、立陶宛、拉脱维亚、爱沙尼亚和现在属于俄罗斯的领土，这让20世纪的德国统治者们有借口提出关于这些地区的领土主张，导致了20世纪两次世界大战的爆发。许多东欧历史学家倾向于认为，这个地区的十字军运动不过是变相的德国帝国主义，这一点也不奇怪。然而，在中世纪，德意志过于分裂，皇帝又太过软弱，发动十字军运动不可能是单纯地为了征服东欧。这些十字军更像是德意志贵族想要在对抗基督教世界之敌的“圣战”中赢得荣誉和荣光的渴望所导致的。显然，这个地区的人民——大公基督徒、罗斯东正教徒和异教徒——在十字军运动期间遭遇了深深的苦难。从西方基督教世界的角度来看，这些十字军运动确实保证了这些地区向西方靠拢。如果条顿骑士团和德意志的十字军没有进入这个地区，罗斯的王公们就会从东方趁虚而入。因此，在当地的十字军运动限制并延缓了罗斯人向西扩张的脚步。诺夫哥罗德的大公们在 13 世纪早期已经将影响向北扩张到了芬兰，而罗斯大公直到 15 世纪晚期才向西扩张到了利沃尼亚。条顿骑士团在波罗的海的活动，让西方国家与波罗的海诸国——拉脱维亚、爱沙尼亚和立陶宛等之间建立了牢固的历史联系，在这些国家独立的过程中，这种联系得到了充分的利用。与之相较的是，在中世纪晚期和现代早期奥斯曼土耳其人对希腊造成的破坏，促使希腊人形成了一种传统观念，甚至如今的希腊人也反对土耳其加入欧盟。

十字军对于基督教传播的直接影响有多大？结论是有争议的。十字军的最初目的是保卫基督教世界，而不是去促进其他宗教的信徒皈依。在中东和伊比利亚半岛，十字军运动的目的也是收复曾经属于基督徒的领地。然而，十字军的确希望军事上的成功能促使非基督徒皈依基督教。[①]在普鲁士和波罗的海诸国，十字军的战士总与传教士相伴而行。十字军让拉丁基督教的传教士有机会进入这一地区传教。在伊比利亚半岛，十字军并没有导致大量穆斯林或犹太人改信基督教，这样的情况一直持续到 1492 年格拉纳达被攻陷、伊莎贝拉和费迪南制订了一项强制皈依的计划。针对异端的十字军运动确实达到了一些目的。阿尔比十字军在 13 世纪早期摧毁了支持法兰西南部卡特里派异端的贵族家族，然而，1420 年在波西米亚对胡斯派异端的十字军运动则没有对胡斯派产生什么影响。

文化影响

十字军运动的确使大公基督徒向穆斯林学习。1085 年，托莱多藏书颇丰的图书馆得到修复，通过这个方式，11—12 世纪的伊比利亚半岛的十字军让西欧学者注意到了古希腊的学术。以希腊学术为基础的阿拉伯学说通过西班牙和意大利南部传入西欧。巴勒斯坦的法兰克人也开始学习阿拉伯人的科学知识。[②]法兰克人还在日常生活中向穆斯林学习；12 世纪的叙利亚贵族乌萨马·本·蒙奇德(Usama ibn Munqidh)曾描述法兰克人从定期洗澡和吃穆斯林的食物等方面适应了当地的习俗。[③]

阿拉伯文学也对西方产生了一定的影响。毫无疑问，13 世纪下半叶的法语系列小说《罗马七贤传》(*The Seven Sages of Rome cycle*)深受东方传统的影响。文学研究者认为西方文学的其他优秀作品，如薄伽丘的《十日谈》、但丁的《神曲》都受到了阿拉伯文学的影响。问题是，这种影响是十字军运动导致的吗？还是正常贸易的结果？薄伽丘和但丁从事写作时都生活在意大利北部的商业城市，那儿的商人与穆斯林有定期的贸易。《罗马七贤传》的故事发生在意大利和拜占庭帝国，这些故事很有可能是通过君士坦丁堡和罗马之间的贸易传到法兰西的。[④]

某些欧洲文学全部或部分地受到基督徒和穆斯林之间的战争的启发。《罗兰之歌》(*Chanson de Roland*)可以说是欧洲中世纪虚构文学中最著名、最有影响力的篇章，它以 778 年在西班牙北部发生的龙塞斯瓦耶斯之战(Battle of Roncesvalles)为基础。这个故事的原型是查理曼的军队与巴斯克基督徒之间的战争。但在《罗兰之歌》中,战争的双方变成了基督徒和穆斯林。穆斯林被描述为英勇的战士,不过基督徒将他们击败,将他们杀死,或让他们皈依了基督教。《罗兰之歌》被翻译成多种欧洲语言,主人公罗兰和他的伙伴成为查理曼战争史诗传奇的核心。14 世纪末和 15 世纪,凭借着意大利语名字"奥兰多"(Orlando),罗兰成为马泰奥·玛丽亚·博亚尔多(Matteo Maria Boiardo)的《热恋的奥兰多》(*Orlando innamorato*)和阿里奥斯托(Ludovico Ariosto)的《疯狂的奥兰多》(*Orlando Furioso*)——这两部伟大的意大利传奇故事的主角。⑤

前往圣地的十字军运动构成了一整部法兰西传奇故事的基础,这个故事被称作"十字军传奇"。从 12 世纪早期至 15 世纪这段时间里,许多作家对它进行了补充和重新创作。⑥十字军的战斗还反映在西方的其他文学作品中。⑦比如,16 世纪,托尔夸托·塔索(Torquato Tasso)著名的传奇诗歌《耶路撒冷的解放》(*La Gerusalemme liberata*),就是以第一场十字军东征为基础的,这首诗歌也激发了后世的许多模仿和改编。⑧

相比之下,除了在战争中采用了欧洲人的一些军事技能和实践——尤其是攻城技术,比如在敌人城堡下挖地道的技术外,穆斯林几乎再没有从中世纪欧洲基督徒那里学到什么。直到 16 世纪甚至更晚的时期,穆斯林才对欧洲文化的其他方面,比如艺术,产生了兴趣。⑨

经 济 影 响

学者们一致认为十字军运动对中世纪欧洲的经济造成了影响,

但他们对这种影响的性质和程度的认知并不一致。近年来，许多学者认为，十字军运动对欧洲历史的主要贡献是用以支付十字军活动的军费，刺激了税收评估和征收制度的发展。由于开展十字军运动的需求，欧洲各国都不得不比原本更快地发展和改善他们的管理体系，从而加快了现代国家的发展。另外，借贷体系（也就是我们现在说的银行业）和运输体系也不得不发展起来，让十字军战士能够将自己武装起来奔赴前线。在这方面，十字军运动对欧洲人的生活产生了重大影响。[10]

然而，也有学者认为，参加十字军的统治者们已经拥有了必要的管理机制。1189 年，英格兰国王理查一世能够组织十字军并快速启程的唯一原因，是当时的英格兰已经建立了西欧最中央集权的管理体系。法兰西国王路易九世能够出色地组织十字军，有赖于他的祖父腓力二世对国家行政的重组，十字军运动可能是一种催化剂，并不是国家管理发展的原因，而是这种发展的结果。[11]

十字军运动无疑促进了西方对某些产品的需求，比如盔甲、马匹和某些食物。它会鼓励生产，从而促进经济增长。另一方面，由于交战区域位于重要的贸易路线上，所以十字军也会干扰贸易。[12]十字军运动使大量身体健全的劳动力离开工作岗位（其中还有很多无法再回来），还在很长一段时间内让国家的核心统治者远离本国，导致了法律和社会秩序的崩溃。

意大利的商业城市热那亚、威尼斯和比萨在东方的拉丁化中受益。但埃及和叙利亚的贸易却因战争受损。十字军运动并没有促进基督徒和穆斯林之间的贸易。事实上，教皇经常威胁要将与穆斯林进行贸易的商人逐出教会，因为他们在和敌人做生意，不过这些贸易禁令收效甚微；在十字军活动期间，贸易依然在持续。总之，十字军对经济既有积极的影响，也有消极的作用。

心态上的影响

十字军运动没有在西方基督教世界创造出关于穆斯林的负面看法。早在十字军运动开始之前，基督徒就已经把穆斯林视为基督教的严重威胁。可以说，十字军让更多的西方基督徒亲身接触到了穆斯林，实际上反而改善了他们对穆斯林的看法。穆斯林的男性被视作浪漫、英俊和有骑士精神的武士，而穆斯林的女性呢，要么美丽、聪明、机智而忠诚，要么博学、多谋而狡猾。相比之下，穆斯林则钦慕于基督徒武士的勇气，但会认为他们鲁莽、没有教养、对女性的荣誉不够关注。穆斯林还认为欧洲的基督徒妇女是不道德的，和陌生男人交往太过随意。

在 19 世纪和 20 世纪的欧洲，十字军运动被看作欧洲帝国主义向中东扩张的先驱，为扩张提供了正当性。法国和英国在第一次世界大战期间对叙利亚和巴勒斯坦的征服，被一些西方人描述为中世纪十字军运动的成功终结。另一些人则对十字军也有同样的解释，但他们的观点有所不同，他们认为十字军是证明西方帝国主义傲慢自大的实例。[13]

20 世纪后期，人们普遍认为十字军运动导致穆斯林对基督徒永恒的敌意，破坏了伊斯兰世界和基督教世界的关系。事实上，直到 19 世纪末，穆斯林才对十字军的历史产生兴趣。直到 1865 年才出现了阿拉伯语版本的十字军史，而它不过是一部法语作品的译本。穆斯林作家的第一部十字军历史著作出版于 1899 年。这部作品表明，伊斯兰世界中的某些人已经具有了欧洲的观念，即中东的现代战争是十字军运动的延续，但总体而言，穆斯林对这种解释现代历史的方式并不太感兴趣。⑭

直到现代以色列建国以后，阿拉伯世界才发展出对十字军运动的现代观点：十字军是野蛮的、毫无缘由的入侵行径，十字军以各种形式一直持续至今。讽刺的是，现代伊斯兰教徒认为萨拉丁是伊斯兰教的伟大护教者，不过这种观点其实是建立在中世纪和 19 世纪欧洲基督徒对萨拉丁的尊敬上的，而不是源自穆斯林的传统。在穆斯林的传统中，萨拉丁一直是边缘人物，远没有努尔丁或拜巴尔重要。⑮总之，每个国家和个体在解释十字军的时候，依据的总是自己的政治议程。⑯

结　语

一些学者认为，美洲的发现也是十字军运动的直接结果。克里斯托弗·哥伦布亲笔写道，因为向东抵达耶路撒冷的路线在穆斯林征服后被封锁了，他曾希望向西航行到达圣地。当这个希望被证明是不切实际之后，基督徒将美洲看作上帝送来的一个新机会，用来补偿丢失的圣地。基督骑士团——由葡萄牙国王迪尼什(Denis)创建于 1319 年，他们继承了已经解散了的圣殿骑士团的财产，继续在伊比利亚半岛与穆斯林作战——在葡萄牙人探索美洲的过程中扮演了重要角色。

针对教会售卖的十字军赎罪券，马丁·路德在 1517 年发表《九十五条论纲》来进行抗议。⑰所以说，十字军间接地导致了宗教改革。

随着宗教改革的到来,西方基督教世界分裂,代表基督教世界联合起来对抗敌人的全部十字军思潮也终结了。然而,一些政治评论家认为,现代西方的信念——自由的西方有义务向世界其他地方强加"文明"、资本主义或民主的观念,与中世纪十字军的意识形态很相似。

注释:

① 关于这个问题,参见 Benjamin Z. Kedar, *Crusade and Mission: European Approaches towards the Muslims* (Princeton, NJ: Princeton University Press, 1984)。

② I. Draelants, A. Tihon, and B. van den Abeele, eds., *Occident et ProcheOrient: contacts scientifiques au temps des croisades: actes du colloque de Louvainla-Neuve, 24 et 25 mars 1997* (Turnhout: Brepols, 2000).

③ Philip K. Hitti, *An Arab-Syrian Gentleman and Warrior in the Period of the Crusades: Memoirs of Usāmah ibn-Munqidh* (Princeton, NJ: Princeton University Press, 1987), pp. 165 - 166, 169 - 170.

④ *The Seven Sages of Rome, and the Book of Sindbad*, ed. Hans R. Runte, J. Keith Wikeley, Anthony J. Farrell, Society of the Seven Sages 协办 (New York and London: Garland, 1984); *Le Roman de Laurin*, ed. Lewis Thorpe, 2 vols. (Cambridge: Bowes & Bowes, 1950—1958), vol. 1, pp. 89 - 117, vol. 2, pp. vii - ix; María Rosa Menocal, *The Arabic Role in Medieval Literary History: A Forgotten Heritage* (Philadelphia: University of Pennsylvania Press, 1987)。

⑤ *Song of Roland*, trans. Glyn Burgess (Harmondsworth: Penguin, 1990); Ludovico Ariosto, *Orlando furioso: The Frenzy of Orlando: A Romantic Epic*, trans. Barbara Reynolds, 2 vols. (Harmondsworth: Penguin,

1975).

⑥ The "First Crusade Cycle" 由 Alabama University Press (1975—2003) 出版，ed. Jan A. Nelson, Emanuel J. Mickel 和其他人。关于"second cycle"的研究，参见 Robert F. Cook and Larry S. Crist, *Le Deuxième Cycle de la Croisade* (Geneva: Droz, 1972)。

⑦ David Trotter, *Medieval French Literature and the Crusades, 1100—1300* (Geneva: Droz, 1987); Friedrich-Wilhelm Wentzlaff-Eggebert, *Kreuzzugsdictung des Mittelalters: Studien zu ihrer geschichtlichn und dicherischen Wirklichkeit* (Berlin: de Gruyter, 1960); Helen Nicholson, *Love, War and the Grail: Templars, Hospitallers and Teutonic Knights in Medieval Epic and Romance, 1150—1500* (Leiden: Brill, 2001).

⑧ *Torquato Tasso's "Jerusalem Delivered,"* trans. Joseph Tusiani (Rutherford: Fairleigh Dickinson University Press, 1970); Elizabeth Siberry, "Tales of the Opera: The Crusades," *Medieval History 3* (1993): 21-25.

⑨ Bernard Lewis, *The Muslim Discovery of Europe* (New York: W. W. Norton, 1982), pp. 221-222, 223-227, 239-243; Oleg Grabar, "The Crusades and the Development of Islamic Art," in Laiou and Mottahedeh, eds., *The Crusades from the Perspective of Byzantium and the Muslim World*, pp. 235-245.

⑩ Malcolm Barber, *The Two Cities, Medieval Europe 1050—1320* (London: Routledge, 1992), p. 139. 也可参见 Giles Constable, "The Financing of the Crusades in the Twelfth Century," in Benjamin Z. Kedar, Hans Eberhard Mayer, and R. C. Smail, eds., *Outremer: Studies in the History of the Crusading Kingdom of Jerusalem Presented to Joshua Prawer* (Jerusalem: Yad Izhak Ben-Zvi Institute, 1982), pp. 64-88。

⑪ Simon Lloyd, "The Crusading Movement, 1096-1274," in Jonathan Riley-Smith, ed., *The Oxford Illustrated History of the Crusades* (Oxford and

New York: Oxford University Press, 1995), pp. 34 - 65, 此处见 p. 56。

⑫ 同上,第 65 页。

⑬ Elizabeth Siberry, "Images of the Crusades in the Nineteenth and Twentieth Centuries," in Riley-Smith, ed., *The Oxford Illustrated History of the Crusades*, pp. 365 - 385; Jonathan Riley-Smith, "Islam and the Crusades in History and Imagination, 1 November 1898 - 11 September 2001," *Crusades* 2 (2003): 151 - 167.

⑭ Riley-Smith, "Islam and the Crusades," 160 - 161; Hillenbrand, *The Crusades: Islamic Perspectives*, pp. 589 - 590.

⑮ Riley-Smith, "Islam and the Crusades," 161 - 164; Hillenbrand, *The Crusades: Islamic Perspectives*, pp. 590 - 616.

⑯ 关于十字军形象的其他现代运用,参见 Daniel Gutwein and Sophia Menache, "Just War, Crusade and Jihad: Conflicting Propaganda Strategies during the Gulf Crisis (1990—1991)," *Revue Belge de Philologie et d'Histoire* 80 (2002): 385 - 400; Tomaz Mastnak, *Crusading Peace: Christendom, the Muslim World, and Western Political Order* (Berkeley, CA: University of California Press, 2002), pp. 346 - 347。

⑰ Grimm, ed., *Luther's Works*, vol. 31, *Career of the Reformer: I*, pp. 27 - 33.

人物传略

拜巴尔·班度克达里(Baibars al-Bunduqdāri,埃及苏丹,1260—1277年在位),杰出的穆斯林苏丹和将军

拜巴尔是马穆鲁克人,是阿尤布王朝的苏丹萨利赫麾下的精英——巴赫里耶(Bahrī)马穆鲁克军中的一员,于1250年在埃及夺取了大权。阿拉伯历史学家麦格里齐(al-Maqrīzī)相信是他先发制人地刺杀了苏丹图兰-沙阿(Tūrān-Shāh)。他后来成了马穆鲁克苏丹忽秃思手下的一名将军,忽秃思就是在1260年加利利的阿音札鲁特之战中击败蒙古人的那位苏丹。这场战争之后没多久,忽秃思就被自己曾统领过的巴赫里耶马穆鲁克军谋杀了,而也正是忽秃思在1254年杀了他自己的前任统领。之后,作为新任的巴赫里耶领袖,拜巴尔成了埃及的苏丹。他的名声并非出于虔诚,而是因为他是一位出色的将军和统治者。

拜巴尔开始出兵摧毁剩余的十字军诸国。1263年,他攻击了拿撒勒(Nazareth),直逼耶路撒冷王国自1191年以来的首都阿卡。1265年,他攻占了凯撒利亚(Caesarea)、海法(Haifa)和阿尔苏夫(Arsuf),又一次逼近阿卡(见地图1)。1266年,他袭击了十字军诸王国北部的奇里乞亚亚美尼亚,攻占了托伦[今黎巴嫩的特布宁(Tībnīn)],以及加利利的萨菲德(Safed)城堡,从而控制了耶路撒冷

王国的北部。他曾经许诺,如果萨菲德城堡的守军投降,他们将能够安全离开;但成功攻占城堡后,他却将俘虏全部处死。

1268 年,他攻占了雅法,还包围了安条克。安条克投降,城内居民却遭到屠杀。由于身兼塞浦路斯和耶路撒冷国王的于格三世无法向王国内的贵族提供军事援助,所以他们不得不与拜巴尔签订条约。1269 年,伊贝林的伊莎贝拉[Isabella of Ibelin,贝鲁特夫人(lady of Beirut)]单独与他休战,于是贝鲁特就被置于他的保护之下。1271 年,提尔的领主——蒙特福特(Montfort)的约翰单独与他签订了一份只对提尔有效的停战协议。1271 年,拜巴尔占领了圣殿骑士团的白堡[Chastel Blanc,或称萨菲泰(safitha)]、医院骑士团的骑士堡(Crac des Chevaliers)和条顿骑士团的蒙特福特城堡。英格兰王子爱德华(后来的英格兰国王爱德华一世)加入十字军并来到了阿卡,但他与拜巴尔签订了为期 11 年的停战协议。在确保法兰克人无法造成威胁之后,拜巴尔开始向其他具有威胁的邻国——小亚细亚的塞尔柱突厥人、北部和东部的蒙古人、西北部的亚美尼亚人和南部的努比亚人发动战争。

拜巴尔逝于 1277 年。当时,法兰克人仅控制着少数几个沿海城市。1289 年,的黎波里沦陷,而其余的则在 1291 年被攻占。

巴布狄尔[Boabdil,即阿布·阿卜杜勒·穆罕默德十二世(Abū 'Abd Allāh Muhammad Ⅻ,1482—1492 年在位],格拉纳达王国的末代国王

巴布狄尔是格拉纳达国王阿布·哈桑·阿里[Abū al-Hasan 'Alī,即"领主哈桑"(Muley Hacén)]与第一任妻子所生的儿子。[①] 在

15 世纪 80 年代，伊比利亚半岛南端的格拉纳达的穆斯林国王感受到了来自卡斯提尔的基督教王国严峻的军事压力。1482 年 7 月，巴布狄尔与兄弟尤素福（Yusurf）一同从格拉纳达逃至瓜迪斯（Guadix），在那里，巴布狄尔被推举为国王。格拉纳达城的民众接受了他，于是他的父亲和叔叔阿卜杜拉·撒加尔（Abū ‘Abd Allāh Muhammad az-Zaghall，“撒加尔”的意思是“勇士”）被迫逃往马拉加（Málaga）。格拉纳达王国分裂成两个阵营，互相厮杀。

1483 年春，巴布狄尔进攻卡斯提尔南部，但被卡斯提尔—阿拉贡王国的伊莎贝拉和费迪南的军队击败，巴布狄尔被擒。为了获释，他签下了《科尔多瓦条约》（Pact of Córdoba）。根据条约，卡斯提尔—阿拉贡王国帮助他获得格拉纳达城，而他要用叔叔拥有的格拉纳达王国的部分土地来交换。因此，在被释放以后，他继续与父亲和叔叔作战，卡斯提尔的军队则从北面发动进攻。

撒加尔废黜了哈桑，并自封为格拉纳达国王。1485 年，哈桑去世，巴布狄尔与叔叔讲和。1487 年，卡斯提尔攻克了马拉加城，也就控制了整个格拉纳达王国的西部。巴布狄尔提出，将格拉纳达城割让给伊莎贝拉和费迪南，交换条件是他能够以卡斯提尔—阿拉贡王国的附庸的身份统治瓜迪斯和格拉纳达东部的其他城镇。伊莎贝拉和费迪南同意了，撒加尔不愿臣服于侄儿的权威，因此宁愿向双王投降。于是，从表面上看，伊莎贝拉和费迪南已经在实际上控制了格兰纳达王国的其余地区，但巴布狄尔马上背弃了结盟的承诺，转而决定同双王开战。

伊莎贝拉和费迪南集结军队对巴布狄尔发动进攻。在这支军队中，有一部分来自贵族和城镇，但还有一部分是军事修会和领受十字架为基督而战的志愿军。整个军队的资金都是通过十字军税和贩售十字军赎罪券得来的。卡斯提尔军向格拉纳达挺进，开始围城。格拉纳达的穆斯林发现抵抗这支庞大的基督徒大军的努力是徒劳的，于是巴布狄尔就提出了投降的条件。双方协商，投降之后穆斯林将被允许保留他们的信仰。他们可以保留财产，并沿用原来的法律。巴布狄尔将获得格拉纳达南部阿尔普哈拉斯地区（Alpujarras）的统治权。巴布狄尔接受了条件，1492 年 1 月，他献城投降。

为了防止穆斯林发动叛乱，伊莎贝拉和费迪南不希望穆斯林的领导者留在格拉纳达，敦促他们远走他乡。1493 年，巴布狄尔和大约 6 000 名西班牙穆斯林前往北非，并于 1527 年死于当地的战争中。虽然巴布狄尔和他的子民肯定无法抵挡住卡斯提尔—阿拉贡王国的军事力量和宗教狂热，但伊莎贝拉和费迪南也鼓励和利用了格拉纳达统治家族中的分裂，并利用巴布狄尔的野心达到了让他合作的目的。

“塔兰托的”博希蒙德（逝于 1111 年），第一次十字军东征中杰出的基督徒领袖

博希蒙德是罗贝尔·吉斯卡尔（Robert Guiscard，逝于 1085 年）和他的第一任妻子奥布利（Aubrée）的儿子。罗贝尔是诺曼底的一位小贵族，他在弟弟罗杰的帮助下于 11 世纪 60 年代—70 年代之间征服了西西里，之后还攻击过拜占庭。博希蒙德在战争中是父亲的左膀右臂，比如在 1081—1082 年间攻打了亚德里亚海东岸的底拉西乌姆[Dyrrachium，今阿尔巴尼亚的都拉斯（Durrës）]。在父亲去世后，他继承了父亲在这片区域（指阿尔巴尼亚地区）的征服所得，但拜占庭人很快又收复了失地，让博希蒙德失去了领地。根据当时的记载，

博希蒙德在1096年首次听闻十字军时，正在围攻意大利的城市阿马尔菲(Amalfi)。他立即将自己最好的披风剪成一个个十字架分发给随军将士，带领他们向东加入了这场东征。

在君士坦丁堡，博希蒙德给阿莱克修斯·科穆宁皇帝的小女儿安娜留下了深刻的印象，后来她在记叙父亲统治时期的历史作品中描述道，博希蒙德是个“可怕的野蛮人，狡猾又聪明”。阿莱克修斯要求所有的十字军领袖向他宣誓效忠，把征服的土地中那些原本属于拜占庭帝国的部分都归还给他。博希蒙德立下了誓言。

博希蒙德在带领十字军穿越小亚细亚的过程中扮演了重要角色，并在攻占安条克的战役中发挥了重要作用。他获得了该城的控制权，却拒绝将其交还给阿莱克修斯，他声称阿莱克修斯在东征过程中并未提供协助，因此誓言是无效的。之后，他没有和其他十字军一起进攻耶路撒冷，而是留在了安条克，在他的侄儿和同盟唐克雷德的帮助下扩张地盘。1100年8月，他被小亚细亚东部达尼什曼德王朝(Danishmend)的埃米尔俘虏。唐克雷德接管了安条克，并继续攫取前拜占庭的领土。1103年，博希蒙德终于付清赎金被释放。他和其他法兰克人的领袖在1104年参与了攻打哈兰(Harran，埃德萨南部)的战争，但以惨败而告终。

趁博希蒙德新败之际，阿莱克修斯攻打了他在奇里乞亚和叙利亚的领地。安娜·科穆宁娜提到，为了躲过阿莱克修斯的军队、到西方寻求援军，博希蒙德诈死，躲在棺材里逃出安条克，把侄儿留在城里。回到西欧后，他招募军队进攻拜占庭。但在1107年攻打底拉西乌姆失败，不得不在1108年与阿莱克修斯讲和，签订了《迪沃尔条约》(Treaty of Devol)。阿莱克修斯允许博希蒙德保留安条克，但他必须交出其他拜占庭的土地。然而，唐克雷德并不认可这项条约，因此该条约并没有得到执行。

博希蒙德回到了意大利，于1111年在那里去世。现代的历史学者认为他是一个善战而不择手段的军事领袖，他渴望获得土地和权力，并非一位虔心加入十字军为基督服务的信徒。

霍亨斯陶芬家族的腓特烈二世，皇帝（生于1194年，逝于1250年），基督教十字军领袖

他生于1194年12月26日，是西西里女王康斯坦丝（Constance）和丈夫——神圣罗马帝国皇帝霍亨斯陶芬家族的亨利六世所生的独子。腓特烈从父母那里继承了西西里王国的王位和争夺神圣罗马帝国皇位的资格，同时也继承了对圣地的兴趣。作为西西里的国王，他的臣民中有许多穆斯林。虽然他以对穆斯林友好而闻名，还在军队中雇用他们，但他也对迫害异教徒十分狂热。

腓特烈在5岁时成了孤儿，教皇英诺森三世（1198—1216年在位）成了他的监护人。在经历了长期战争后，腓特烈在1208年12月成年，接掌了西西里王国。1212年，他率众北上，要求继承神圣罗马帝国的皇位。此前，布伦瑞克（Brunswick）的奥托一世在1209年加冕为皇帝，但很快就与教皇和帝国贵族中的关键成员心生罅隙。1212年12月，腓特烈在美因茨（Mainz）加冕为德意志王国的国王。1214年7月27日，布汶战役爆发，腓特烈的盟友、法兰西国王腓力二世击败了奥托与他的同盟者。腓特烈在帝都亚琛（Aachen）再次加冕为德意志王国国王。1220年，他前往罗马，由教皇霍诺留三世为他加冕为皇帝，而他许诺将会率领十字军东征。教皇希望他率军参加前往埃及的第五次东征，但他没有去。相反，他将精力花在了统治西

西里王国上——这让他的王权更为巩固,还加强了皇帝对意大利北部的影响力。他的改革措施表明,他信奉的是:统治者乃是上帝为保护子民而遴选出来的,而且有权管理教会。不过,与在西西里所做的不同,他将德意志王国的权力下放给了德意志的贵族们。

长期以来,神圣罗马帝国皇帝都对圣地很有兴趣,而且有参加十字军东征的传统。此外,从 1196 年起,神圣罗马帝国皇帝一直是塞浦路斯岛的最高统治者,该岛自从在 1191 年被十字军占领以来,就一直是十字军的重要补给基地。1225 年,腓特烈迎娶了耶路撒冷女王伊莎贝拉二世。1227 年,他原计划进行十字军东征,但中途因重病折返。第二年,伊莎贝拉死于产后,留下了还是婴儿的康拉德,继承了耶路撒冷的王位。腓特烈再次出发,此时教皇格列高利九世已被他在意大利的改革惹怒了,因为其威胁到了教会的权威,而且他久久不肯前往东征,因此,格列高利九世将他逐出教会。腓特烈没有停下脚步,而是继续前往东方。他囚禁了塞浦路斯岛上的主要贵族,并将年幼的国王置于监护之下,如此一来,他确保了对该岛的管辖权。接着,他前往耶路撒冷王国,并与埃及的苏丹卡米尔(al-Kāmil,1218—1238 年在位)达成了一项和平条约,将耶路撒冷城(除圣殿山外)交还给基督徒,为期十年。之后,他前往耶路撒冷,在圣墓教堂举行了加冕仪式。根据基督教的传统,在基督重返人间之前的最后一位皇帝将在耶路撒冷加冕,腓特烈很可能是想通过此举表明他就是那最后一位皇帝。

即便王国的臣民想与腓特烈合作,但他被逐出了教会,这让统治变得非常困难。在与耶路撒冷的宗主教和圣殿骑士团争吵之后,他离开了耶路撒冷,甩手将王国留在未卜的命运之中(见“文献七”)。

腓特烈一回到意大利,与教皇及意大利北部城镇的战争便接踵而至。虽然在1230年腓特烈与教皇停战,但教皇相信腓特烈的意图是统治整个意大利,于是,双方关系再次恶化,1239年,腓特烈再次被逐出教会。1245年,继任的教皇英诺森四世废黜了皇帝腓特烈。

腓特烈再未重返圣地。他——以及1242年后,他的儿子康拉德——通过代理人远距离地对耶路撒冷进行统治。这种统治并不是很成功。1243年,耶路撒冷王国的一些政治领袖放弃了腓特烈与埃及结盟的政策,转而与大马士革的统治者联合。他们虽然收复了耶路撒冷,但在第二年就永远失去了这座城市。腓特烈对放弃他政策的做法进行了谴责,但他没有回到东方。1250年,腓特烈去世,当时他仍在与教皇作战。

立陶宛大公格迪米纳斯(1315—1341年在位),既是十字军的异教徒对手,也是盟友

格迪米纳斯是统治立陶宛的王朝成员布特维达斯(Pukuveras)之子,是立陶宛大公维特尼斯(Vytenis)的幼弟。[②]他于1315年冬天哥哥去世后执掌大权。格迪米纳斯自称"上帝眷顾的国王",在许多方面,他的权力与欧洲基督教国家的国王相似——他可以征税、征兵,还能决定是否与外国势力缔结条约。他似乎是第一位将维尔纽斯(Vilnius)作为主要居住地的立陶宛统治者;这个地方后来成了立陶宛的首都。他试图鼓励汉萨同盟的商人前往立陶宛进行贸易,也渴望能吸纳更多移民来促进农业生产。他通过发动征服战争、外交及安排子女与其他东欧基督教或东正教统治家族联姻(他有7个儿子和6个女儿)等方式,扩大了立陶宛的影响力和领土。

格迪米纳斯继承了前代与王国北部的立陶宛结盟的策略,并与

王国南部的穆斯林、蒙古人(或称鞑靼人)保持往来,有时这种关系是以冲突的形式表现出来的,有时则是联盟的形式。然而,从大公基督教世界的角度来看,他一生最重要的谈判是与教皇约翰二十二世所进行的。1322 年,他写信给教皇,提出允许大公基督教会在领土内传教的动议,甚至宣称自己也可以皈依。他的目的是解决与条顿骑士团进行的可怕而破坏惨烈的战争,达成和平协定。不过他曾经拒绝过骑士团的洗礼,认为这近乎于依照骑士团开出的条件投降。骑士团对他绕过本方而直接向教皇求助的企图表示愤怒,竭尽全力地阻碍谈判的进行,甚至逮捕并吊死了前往送信的使者,烧掉了格迪米纳斯给教皇的信。教皇强行与格迪米纳斯签订了和平协议,还派遣传教士去立陶宛传教。不过他也不能得罪骑士团,因为他需要他们的政治支持来对抗神圣罗马帝国皇帝路德维希四世。另一方面,格迪米纳斯也不想因为与大公教会靠得太近而得罪东正教盟友。他放弃了与教皇的谈判,与波兰国王“矮子”瓦迪斯瓦夫一世结盟,而后者当时也正在与条顿骑士团作战。1325 年,格迪米纳斯将女儿阿尔多娜-安娜(Aldona-Anna)嫁给了未来的波兰国王卡齐米日三世,并同意向瓦迪斯瓦夫提供雇佣军,一同对抗条顿骑士团。1328 年,骑士团与立陶宛之间的战争再次爆发。

格迪米纳斯从未皈依基督教。他能够维持和扩大立陶宛的势力,仰赖于他自身的军事实力,以及在天主教会和东正教会王公之间寻求的同盟。然而,某些与他的军队一起对抗骑士团的人并不喜欢格迪米纳斯的异教徒身份,而且只要立陶宛人还是异教徒,条顿骑士团就永远不会与他们停战。

在格迪米纳斯之后,掌握立陶宛权力的是他的儿子阿尔吉尔达斯[Olgierd (Algirdas)]和科斯图提斯[Kiejstut (kestutis)]。而他的孙子——阿尔吉尔达斯之子雅盖沃在1386年迎娶了波兰女国王雅德维加，开创了东欧伟大的雅盖隆王朝。

拉沃尔的吉劳德夫人（逝于1211年），阿尔比十字军期间一位最重要的卡特里派异端信徒

吉劳德夫人是洛拉克的西卡尔和布兰奇（Sicard and Blanche de Laurac）之女。在她的父亲于1200年左右去世之后，她的母亲成为一名卡特里派完美者，并在洛拉克设立了一处卡特里派女性住所。她的姐姐马比拉（Mabilla）是其中的一位成员。布兰奇的其他孩子要么同情卡特里派，要么直接成了这个派别的虔信者。吉劳德夫人的兄弟——蒙特利尔的艾默里继承了洛拉克的爵位；而她的姐妹们嫁给了当地的显贵。这样一来，在阿尔比地区，支持卡特里派的贵族就形成了一个网络。

吉劳德嫁给了拉沃尔的领主，而拉沃尔是图卢兹附近一个建有城堡的要塞城镇。丈夫去世后，她继续住在拉沃尔，但蒙特利尔的艾默里代替她成了拉沃尔的领主。曾经参与阿尔比十字军的修道士——德沃塞尔奈修道院（Les Vaux de Cernay）的彼得将吉劳德称为“最邪恶的异端分子”，[3]但没有解释她究竟做了什么才被冠以这个名号。作为拉沃尔的贵族夫人，她是出了名的好主人；当时的评论家图德拉的纪尧姆（William of Tudela）称赞道，所有前来拉沃尔寻求食物的旅行者都能在她那里得到慷慨的招待。在她所行的善举中受益的大概都是卡特里派的信徒；因为她居住的城镇是卡特里派主教辖区所在地，有许多教徒公开居住在那里。

吉劳德夫人之所以成了十字军的牺牲品，是因为她兄弟的行动。

艾默里最初与西蒙·德·蒙特福特有个和平协议,而且在1209年十字军攻陷卡尔卡松的时候加入过十字军。他拱手送出了蒙特利尔,后来因为表现良好,十字军又将这座城市还给了他。然而,艾默里同时也在与阿拉贡国王佩德罗二世谈判,此举绕过了他曾经宣誓效忠的西蒙·德·蒙特福特。而且,在1211年,他还加强了拉沃尔的防御,用以对抗德·蒙特福特。于是,德·蒙特福特率领大军进攻了这座城镇。经过一番苦战,十字军攻占了城镇和城堡,砍掉了艾默里和他的骑士们的脑袋,还把吉劳德丢进了一口井里。而后,他们还往井里丢石块,砸死了她。许多在拉沃尔的俘虏都被当作异端烧死了。

吉劳德的一生过着典型的贵族女性的生活——先为人妻,而后成了一位慷慨虔诚的寡妇,靠着自己的岁入生活。而她的不幸,在于她选择的教派是卡特里派,而不是拉丁基督教派。我们对她一生所掌握的信息很少,但这些信息表明,她的生活方式与西欧其他那些并非异端的贵族女性没什么不同。值得注意的是,她并不是被当作异端烧死的,火刑是一种给普通老百姓准备的有辱人格的惩罚。作为贵族女性,她的荣誉和德行获得了保全,而且她被杀害的时候也没有喷溅鲜血。

赫尔曼·冯·萨尔察(逝于1239年),一位骑士团大团长

赫尔曼·冯·萨尔察出身自图灵根的家臣家庭(Thuringian ministerialis family),相当于英格兰和法兰西的骑士家庭。对于一名年轻的家臣来说,在社会中晋升的一条途径是加入宗教修会。这可能是赫尔曼·冯·萨尔察加入新军事修会——条顿骑士团的原因之一。

1209年，赫尔曼成为骑士团的团长。他赢得了骑士团主要赞助人——霍亨斯陶芬王朝的腓特烈二世的信任，他似乎更像是腓特烈二世值得信赖的朋友和朝臣，而不是一位宗教人士。在1228—1229年间，赫尔曼在腓特烈前往圣地的十字军中扮演了非常重要的角色。腓特烈称赞了他的帮助和支持，同时也谴责了未能前来援助的其他势力。赫尔曼还代表腓特烈与教皇格列高利九世谈判，劝说教皇解除1230年将皇帝逐出教会的命令。他是13世纪30年代腓特烈与意大利北部诸城组成的伦巴第联盟谈判的磋商人，也是腓特烈与德国贵族之间谈判的交涉者。在13世纪30年代后期，教皇与皇帝之间的关系恶化，赫尔曼也曾不知疲倦地居中调停，但最终没能成功；1239年，教皇格列高利九世第二次将腓特烈逐出教会，同年赫尔曼去世，就好像是因他的失败而心碎至死一般。

然而，赫尔曼最重要的作用并非体现在为腓特烈服务上，而是他作为骑士团大团长的表现上。条顿骑士团成立于12世纪晚期，当时在圣地的大公教会基督徒正不断地丧失着领地，骑士团很难获得维持运作资金的土地。1211年，匈牙利的国王安德烈二世(Andrew II)将东南部边境的布尔岑兰[Burzenland，位于今特兰西瓦尼亚(Transylvania)]赐予骑士团。这块领地成了匈牙利与生活在东方的异教部落之间的缓冲地带。在赫尔曼的领导下，骑士团开始招徕殖民地居民、建立城镇，并在该地区定居下来；其中一个城镇甚至被冠以大团长的名字，被称为赫尔曼施塔特(Hermannstalt)。不过，匈牙利贵族对德意志人在匈牙利日益增长的影响力感到恐惧，于是1225年，安德烈对骑士团下了驱逐令。

而当时的波兰是一个分裂的王国。其中的一位公爵，库亚维-马佐夫舍的康拉德，向赫尔曼提出要求，希望得到骑士团的帮助。他在信中抱怨普鲁士异教部落对边境的野蛮袭击，但他的目的也可能是扩大他的领地和增加他的实力。他向骑士团提出，用库尔姆的土地(属于普鲁士的领土，而非波兰的)来换取骑士团的军事援助。不过，在有了匈牙利的经历之后，赫尔曼犹豫了。后来，他拿到了腓特烈二世批准的《里米尼黄金通谕》(Golden Bull of Rimini，1226)，又在1234年得到了教皇格列高利九世的许可。基督教世界的两位领袖都允许骑士团将占领的任何土地收为己用，来建立一个独立的国家。目前尚不清楚这个结果是否符合康拉德的最初意图。不过，无论如何，条顿骑士团开始了在普鲁士的军事行动，他们打败了普鲁士人，建立了一个独立的国家。1237年，条顿骑士团还接管了利沃尼亚军事修会——宝剑骑士团。

在赫尔曼·冯·萨尔察的领导下，条顿骑士团从一个小型的军事—宗教团体发展成为一个具有影响力的修会，他们与皇廷和教廷都往来密切，并在东北欧展现了强大的军事实力。

英诺森三世(1198—1216年在位)，发动了三次十字军运动的教皇

原名塞尼的洛塔尔(Lothar of Segni)，37岁时当选教皇，他是一位喜欢运用外交手腕胜于军事力量的改革者，不过在任内却发动了三次十字军运动，分别是第四次、第五次十字军东征和对抗异端的阿尔比十字军远征。在教皇的内廷，他对罗马教廷的管理进行了改革。他相信，作为教皇，他有权废立统治者。他将皇帝奥托四世逐出教会，因为后者没有遵守不入侵西西里的承诺；将法兰西国王腓力二世逐出教会，因为他不肯接回第二任妻子——丹麦的英格博格(Ingebourg of Denmark)；还将英格兰国王约翰逐出教会，因为他拒

绝接受教皇任命的坎特伯雷大主教史蒂芬·朗顿(Stephen Langton)。英诺森想要改革基督教世界,所以他也对宗教修会进行整顿。他想让异端回归基督教会,还与谦卑派*和韦尔多派异端展开谈判,试图让他们与教会和解——但这些努力只有部分取得了成功。他批准亚西西的方济各(Francis of Assisi)在1210年兴起一场新的宗教运动,而在他之前和之后的教皇可能会将这类四方游走的贫穷传教士视作异端。1215年,他召开了第四次拉特兰公会议,许多来自拉丁基督教世界的主教和修道院院长都参加了。在会议上,他试图改革教会,制定了一份关于信仰和神父教育及生活方式守则的声明。

刚当上教皇,英诺森就发起了一场新的十字军东征,并借此向神职人员征税,授权举行十字军宣教活动。4年之后的1202年春天,十字军启程了,但后来竟把战火烧到了君士坦丁堡。十字军最初计划让阿莱克修斯·安格洛斯(Alexios Angelos)当皇帝,但他们发现阿莱克修斯并不打算偿还所欠十字军的债务,便攻占了这座城市,并在君士坦丁堡立了一个拉丁(大公基督徒)皇帝。英诺森意图将这场十字军运动粉饰为一场胜利,声称十字军的做法有助于发展地中海地区的基督教事业,因为君士坦丁堡和圣地的十字军诸国将共同合作,而不再处于敌对状态。但他知道,依然需要组织一支远征军奔赴圣地。

接着,英诺森发起了一场另类的十字军运动,针对的是法兰西南部朗格多克地区的卡特里派异端。一开始,他试图通过熙笃会修士

* 谦卑派(Humiliati),12世纪成形于意大利的一个宗教派别。1571年遭到教皇压制,不过其关联的女性修会一直延续到20世纪。

进行和平的宣教，将卡特里派教徒重新拉回大公教会中，但这一努力失败了。1208 年，教皇特使（或代表）卡斯特瑙的彼得在法兰西南部被杀，英诺森认为卡特里派的盟友——图卢兹的雷蒙德六世是罪魁祸首。于是他发动了一场十字军远征来讨伐雷蒙德。这场被后世称为阿尔比十字军东征的运动成功地摧毁了庇护异端的贵族势力，但并没有消灭卡特里派。

英诺森三世继续努力向东方进行一场新的十字军运动。1213 年，他发布了十字军通谕《事出紧急》（*Quia maior*），鼓励非战斗人员（如女性）领受十字架，然后支付金钱来代替进行十字军东征。筹集起来的款项被用在十字军的花销上，他期待着第五次东征，但军队还未启程，他就去世了。

雅德维加，波兰女国王（生于 1374 年，逝于 1399 年），促成了普鲁士十字军运动的落幕

雅德维加在波兰被视为圣人和民族英雄。她原名海德薇格（Hedcwig），是安茹的路易一世（在匈牙利和波兰被称作拉约什“大帝”）和波斯尼亚的伊丽莎白的女儿。她的姐姐玛利亚，嫁给了神圣罗马帝国皇帝查理四世之子卢森堡的西吉斯蒙德。西吉斯蒙德后来在胡斯派问题上处理得并不成功。雅德维加曾在 5 岁时与奥地利公爵利奥波德三世的儿子威廉订婚。

1382 年拉约什去世，他的两个女儿分别继承了波兰和匈牙利的王位。波兰贵族选择雅德维加当他们的女国王，玛利亚此时已经被加冕为匈牙利的女国王。1384 年，雅德维加抵达波兰加冕。不过，波兰的贵族们迫切地希望她能嫁给一个合适的男人，他要有能力与

北方大公基督徒的条顿骑士团和南方的立陶宛异教徒打交道,无论是在战场交锋还是外交斡旋上。正当雅德维加准备邀请时年 14 岁的未婚夫奥地利的威廉时,立陶宛大公雅盖沃派出的使者来到了波兰首都克拉科夫,向雅德维加求婚。雅盖沃提出,如果能迎娶雅德维加,他愿意皈依大公基督教会,并将自己的国家与波兰合并。其时,雅盖沃已经 35 岁,是一位名声正隆的武士;而雅德维加只是一个 10 岁左右的孩子。

从 12 世纪 30 年代开始,条顿骑士团就一直在东北欧活动,侵占立陶宛人的土地,以及(或者)强迫立陶宛人接受基督教。波兰人起初邀请条顿骑士团来普鲁士,既是为了消除异教徒入侵者对波兰边境的威胁,也是为了占领新的领土,但后来他们发现条顿骑士团的威胁并不亚于立陶宛人。而雅盖沃的提议可以解决问题:立陶宛人皈依了基督教,就能成为长久的盟友,两国联手就能打败条顿骑士团。

雅德维加、她的家族和未婚夫的家族都希望她嫁给威廉;但波兰贵族却投票支持与立陶宛结盟。威廉赶到,但被波兰骑士给赶跑了。雅德维加欲追随威廉,也遭到阻止。于是,她做出了让步,同意嫁给雅盖沃。当时的情形如同一桩丑闻,因为如果威廉和雅德维加已经圆房,雅德维加与雅盖沃的婚姻就是非法的。雅盖沃的敌人,尤其是条顿骑士团后来声称雅德维加已经嫁给了威廉,但无论是雅德维加还是威廉都否认了这个说法。1386 年 2 月,雅盖沃抵达波兰,接受洗礼(取名瓦迪斯瓦夫),并与雅德维加结婚,成了公认的波兰统治者。

这场婚姻并未终结与条顿骑士团的战争。骑士团宣布婚姻无效,雅盖沃的皈依也是假的。1389 年,雅盖沃的堂兄维托尔德(Witold)造反,还与骑士团结成同盟。骑士团对立陶宛发动进攻,并于1390年和1392年两度围攻维尔纽斯。1392年，雅盖沃与堂兄讲和，同意维托尔德以大公的身份统治立陶宛，但要奉波兰国王雅盖沃为君主。条顿骑士团依然在挑唆立陶宛和波兰内战，尽管参与的各方都是大公教会基督徒，但战争依然还在持续。

雅德维加于1399年死于难产。1410年，雅盖沃与维托尔德联合，在坦能堡击败了条顿骑士团，波罗的海十字军运动走向尾声。雅盖沃统治着波兰，直到1434年去世。

海梅一世，阿拉贡国王（生于1207年，逝于1276年），基督徒十字军领袖

海梅一世是阿拉贡国王佩德罗二世的独子。佩德罗二世是拉斯纳瓦斯·德·托洛萨战役的主角之一，在这场战争中，基督徒西班牙联军击败了由穆瓦希德王朝的哈里发纳赛尔率领的安达卢斯的穆斯林军队。海梅一世的母亲是蒙彼利埃的玛利亚(Maria of Montpellier)。在他两岁的时候，父亲安排他迎娶了阿尔比十字军领袖西蒙·德·蒙特福特伯爵的女儿，并将他送到伯爵家生活。后来，海梅一世的父亲在米雷之战中被德·蒙特福特杀害，教皇英诺森三世坚持要让德·蒙特福特将海梅放归祖国。于是，海梅被交托给驻扎在蒙松(Monzón)的圣殿骑士团，一直抚养到9岁。

国王尚未成年，阿拉贡王国因此陷入了派系冲突和割据，一直到1227年，海梅一世才有能力完全控制他的王国。1229年，他率领海军远征，目标是当时还掌握在穆斯林手中的巴利阿里群岛。海梅一世在自传中把这场战争描述为一场以上帝名义进行的战争，目的是让穆斯林改宗，不然就消灭他们。他成功占领了群岛，并将其纳入阿

拉贡王国的统治之下。1233 年，他又入侵了巴伦西亚的伊斯兰王国，并再一次借上帝之名，声称得到了上帝的准许（见“文献八”）。1238 年，巴伦西亚首都被攻克。海梅一世每次征服一个穆斯林统治的地区，都不会将当地的穆斯林驱逐出去，而是允许他们留下来，遵守原先的法律，保留原先的宗教生活方式。这么做的其中一个原因是，海梅一世找不到足够的基督徒到他所征服的地区定居。而卡斯提尔王国的统治者也在向南扩张，蚕食着穆斯林的领土。1243 年，卡斯提尔的斐迪南三世征服了穆尔西亚。此时，穆斯林手中仅剩下格拉纳达王国，它位于山地，易守难攻。1244 年，海梅一世和代表费迪南三世的阿方索亲王（未来的“智者”阿方索十世）签订了《阿尔米斯拉条约》[阿尔米斯拉（Almizra）位于今阿利坎特省（Alicante）的坎波德米拉（Campo de Mirra）]，就两国南部的边界达成了协议。此后，他们停止了南进。接下来的几十年中，海梅一世集中精力巩固自己在国内的权力，并着手解决王国北部的边境争端。

根据海梅一世自己的说法，1260 年，蒙古人曾于阿音札鲁特战败后向西方求助，并在 1268 年敦促海梅一世率十字军东征。1269 年，海梅一世率舰队出发，却因天气恶劣而被迫返航。然而，他的私生子们却抵达了东方，参加了打击马穆鲁克人的军事行动。海梅本人参加了 1274 年的第二次里昂大公会议，这是教皇格列高利十世召集的策动十字军运动的教会会议。海梅一世建议教皇向东方派出一支小型远征军，再安排一支大型远征军紧随其后。如果教皇愿意亲率十字军，海梅愿意带领 1 000 名骑士加入其中；但他想让教皇将从阿拉贡神职人员那里征收的十字军税转拨给他使用。据海梅一世的记载，会议上其他代表都不赞成他的计划，所以他什么也没做就离开了。

海梅一世逝于1276年。他平复了阿尔比十字军运动造成的灾难,恢复了王国的秩序,还大大扩展了他的领土。今天,人们普遍将他称为“征服者”。

亚诺什·匈雅提(逝于1456年),对抗奥斯曼人的杰出的基督徒军事领袖

传说亚诺什·匈雅提是匈牙利国王西吉斯蒙德(1387—1437年在位)的私生子,但无从查证。1440—1456年,他担任特兰西瓦尼亚的总督;1446—1452年,他成为匈牙利的摄政者。从1441年起,他让土耳其人遭受到一次又一次惨败。他在边境的军旅生涯让他熟悉了土耳其人的战术:他清楚奥斯曼军队的兵员大部分来自陆地(农业人口),在夏末服役期满后就要返回家乡,所以他总选择在敌人的军力不集中的时候进行攻击。他还使用了胡斯派的战术,这是匈牙利人在胡斯十字军运动期间从捷克人那里学到的。1442年,他与波兰雅盖隆王朝的国王拉斯洛(或称瓦迪斯瓦夫三世)计划进行一场攻击土耳其人的十字军远征。1443年,他们的军队向南进发,打败了奥斯曼帝国的军队,并占领了索菲亚城(见地图6)。只不过,因为严冬的降临,军队不得不撤退。1444年,在西欧海军的帮助下,两位军事领袖发起了第二次远征。十字军在瓦尔纳遭遇了苏丹穆拉德二世的军队,舰队没能进行援助。经过一番苦战,双方都损失惨重,基督徒军队被打散。雅盖隆王朝的国王拉斯洛在战场上丧命。

1445年,匈雅提在多瑙河组织了一场对抗奥斯曼土耳其人的会战,勃艮第的指挥官瓦勒兰·德·瓦夫林(Waleran of Wavrin)雇用了威尼斯人的舰船,但土耳其人并未赶来交战。1448年,他在科索

沃战败。1446—1453年，匈雅提一直担任着匈牙利的摄政者，因为国王拉斯洛五世年幼，无法临朝执政。1450年，他与神圣罗马帝国皇帝腓特烈三世达成协议，由国王抚养拉斯洛五世直至18岁，而匈牙利交由匈雅提统治。但这个安排遭到了拉斯洛领地上一些贵族的反对，尤其是采列的乌尔里希(Ulrich of Cill)，他认为自己才是照顾拉斯洛的合适人选。1452年，匈雅提辞去摄政者之职，但与采列的乌尔里希的纷争导致他无法在1453年春天向被穆罕默德二世围困的君士坦丁堡提供军事援助。至1456年年初，穆罕默德二世已经明显表露出进攻匈牙利的企图。一位年长的方济各会修士卡皮斯特拉诺的约翰(John of Capistrano)在匈牙利做十字军布道，从东欧召集起一支庞大的十字军军队。7月初，穆罕默德开始包围贝尔格莱德。匈雅提、卡皮斯特拉诺(的约翰)和十字军前往援救这座城市。

匈雅提认为形势已经无望，希望与土耳其人谈判，争取“光荣投降”。但约翰说服他坚持抵抗。十字军想方设法冲进了贝尔格莱德，与市民们合力击败了土耳其人的进攻。趁着穆罕默德撤军，基督徒军队从城里冲杀出来，还抢夺了土耳其人的火炮。大家觉得这场胜利简直就是奇迹。

在这场大胜之后不久，匈雅提就过世了。他在1456年10月死于瘟疫。他去世后，儿子拉兹洛(László)和马加什·科尔温被拉斯洛五世抓捕。拉兹洛被处决，马加什则被投入大牢。1457年年末，拉斯洛五世突然去世，匈牙利人常说这是上帝对他处决拉兹洛的惩罚。拉斯洛国王曾经在波西米亚的代表——波杰布拉德的伊日将马加什释放。1458年，马加什被选为匈牙利国王，直到1490年去世。

扬·杰式卡(生于1360年,逝于1424年),胡斯派军事领袖

扬·杰式卡出身于波西米亚的地主家庭;直到1421年或1422年之前,他都还不是骑士。他服务于国王瓦茨拉夫四世,1410年国王派军队前往波兰帮助雅盖隆王朝的瓦迪斯瓦夫对抗条顿骑士团,扬·杰式卡就在军中。坦能堡之战胜利之后,波兰人继续攻占了骑士团的拉津堡(Radzyń),杰式卡作为城堡守军的一分子,参与了抵抗条顿骑士团的战斗。

杰式卡在胡斯危机爆发前期就成了军事领袖。他被指派为布拉格新城的军事指挥官,抵抗大公基督徒和国王西吉斯蒙德的进犯。当新城与瓦茨拉夫的遗孀,也就是王后索菲亚达成和平协议后,杰式卡又被任命为胡斯派的中心城镇皮尔森城的指挥官。后来,皮尔森城的民众决定与西吉斯蒙德谈和,于是杰式卡只能投奔他泊派,成了他泊派的指挥官。他的军队里大部分是农民——手中的武器只有打谷子用的连枷,而唯一的转运工具只有马车。但杰式卡将他们变成了一支可怕的军队,发动了与大公教会和波西米亚南部城镇的战争。1420年,布拉格的市民违抗了西吉斯蒙德的命令,向他泊派求援。杰式卡率领数千名战士携家带口而来;一同带来的,还有各种枪支、弓弩、马车、长矛、狼牙棒和连枷。胡斯派的另外一个派别——俄立派也前来支援。结果,杰式卡率领的他泊军击退了西吉斯蒙德派来袭击的大军,守住了新城。此役中,西吉斯蒙德没有用上攻城炮,而是选择了撤退。

后来,胡斯派中的传统派和激进派发生了争执,他泊派和杰式卡选择回到南方,在当地发动针对大公教会的战争。1421年6月,杰式

卡的一只眼睛被弓箭所伤，导致失明。不过他继续担任着指挥官的角色，而且，在受伤之后，他还取得了一生中最大的胜利。

1421年年末，西吉斯蒙德率领另一支十字军进攻波西米亚，军队在当地犯下骇人的暴行。杰式卡将其手下军队调动到库特纳霍拉(见地图5)时，遭到了西吉斯蒙德军队的攻击。虽然杰式卡看不见敌人，但他命令部队跟在作战马车后面，马车上装着火枪向敌人射击。就这样，他们成功击退了西吉斯蒙德的军队，逃离了险境。接着，杰式卡重新部署军队，对敌人展开进攻，击溃了西吉斯蒙德的大军。西吉斯蒙德被赶出波西米亚，直到1436年才得以回归。

1422年冬天至1423年，第三次胡斯十字军运动失败后，杰式卡与他泊派的关系破裂，转而投奔俄立派。1423年7月，他在当地建立了一个新的军事兄弟会。这其实是他用来对抗大公教会的私人军队。后来，布拉格的胡斯派中的保守派同保皇派的大公教会结成了同盟，杰式卡就对他们同时开了战。此战再次展现了他的技战术水平，他的军队趁着黑夜逃离追兵，再巧妙地利用了地利——比如，他们在马车上装满大石块，再运上山坡推落，粉碎了敌人的进攻。

胡斯派选举立陶宛的科雷布特亲王为波西米亚国王，杰式卡向科雷布特宣誓效忠。1424年春，他们派出联军攻打莫拉维亚，此役中，杰式卡染疫丧命。俄立派如丧慈父，称呼自己为“孤儿”。根据恩尼亚·席维欧·皮可洛米尼[Aeneas Silvius Piccolomini，后来的教皇庇护二世(Pope Pius II)]的说法，俄立派用杰式卡的皮做了一面战鼓。一份亲胡斯派的编年史记载，他们制作了一面画着杰式卡肖像的战旗，这样一来，杰式卡就能继续带领他们战斗了。

贝弗利的玛格丽特(Margaret of Beverley,生于约12世纪30年代,逝于约13世纪10年代),第三次十字军东征中的"普通女性"

根据玛格丽特之弟托马斯的记载,他们的母亲在英格兰时已经怀上了玛格丽特,但后来母亲与父亲——西比尔(Sibil)和胡诺(Hulno)前往耶路撒冷朝圣,就在圣地生下了姐姐。回到英格兰之后,他们一家定居在约克郡(Yorkshire)的贝弗利,托马斯是在那里出生的,比姐姐小11岁。父亲去世后,玛格丽特将托马斯拉扯大,后来托马斯被坎特伯雷大主教托马斯·贝克特(Thomas Becket,逝于1170年)收入府中。

成年后,玛格丽特返回耶路撒冷王国。1187年9月,萨拉丁围攻耶路撒冷,玛格丽特就在城内(见"文献四")。托马斯描画玛格丽特时说道,"就像一个凶猛的悍妇,我努力扮演男人的角色",将锅当成头盔,"女人假装男人……真可怕,但我得假装自己不害怕。"托马斯描绘了玛格丽特是如何给城墙上的男人送水,然后被萨拉丁的攻城器甩出的石块碎片击中的;伤口愈合后还在她的身体上留下了伤痕。这类过度使用的对女性在战争中角色的传统描述,也许是托马斯发明的。

耶路撒冷最终向穆斯林投降,她缴了赎身费才获自由,之后她前往拉吉什[Lachish,也可能是劳迪西亚(Laodicea)]。她和同伴们都以为安全了,然而这里也被穆斯林攻克,他们又被俘虏了。托马斯说,在被俘期间,她不得不去搬石头、砍木头;被殴打和恐吓;还一直得在炎热的天气下干活,几乎得不到休息,但所有困难都不能动摇她的意志。在俘虏中，有一位受过良好教育的虔诚的神父，他时常向其他人讲道，鼓舞他们的信仰。“苦难总会终结，”他说，“我们遭受了许多苦难，但它们均来自我们自己犯下的错。”后来，从提尔[位于今黎巴嫩的苏尔(Sūr)]来了一个人，为他们付了赎金。玛格丽特饿着肚子，孤身一人，惶恐不安地前往安条克，因为她曾发誓要去参拜圣玛格丽特的墓。

当她到达之后，安条克又被萨拉丁围困了(1188年7月)，但进攻被挫败。玛格丽特继续南行，却在的黎波里附近再次被穆斯林俘获。她以为自己命不久矣。她一句突厥人的语言都不会，只能不断地重复“圣玛利亚”的名字，不过突厥主人辨别出这个名字，就放了她。她来到阿卡城，“狮心王”理查和腓力二世率领的英法两国军队在不久之前也抵达了这座城市，接着她便启程返回了西方。她去了西班牙的圣地亚哥和意大利的罗马朝圣，最后在法兰西的弗鲁瓦蒙修道院(the monastery of Froidmont)见到了自己的兄弟。在经受了那么多困苦之后，托马斯说服她摆脱世俗之身，遁入女修道院。在克莱芒和布卢瓦伯爵路易的支持下，她进入拉昂(Laon)教区的圣母修道院(the nunnery of virgin)，一直居住到18年后去世。托马斯没有确切地告诉我们她去世的时间。

玛格丽特从来就不是十字军战士，因为她没有“领受十字架”；她以参与耶路撒冷保卫战的旁观者和朝圣者的双重身份被卷入了第三次十字军东征。托马斯描述了姐姐在旅途中奇迹般地得到了圣玛利亚的帮助；现代读者将她视为虔诚的女性，在困难之中，是信仰给了她支撑。④

穆罕默德二世(生于约 1432 年,逝于 1481 年),征服君士坦丁堡的奥斯曼君主

西方历史学家也将他称作“Mahomet”。他是奥斯曼苏丹穆拉德二世之子,在穆拉德于 1443 年退位后,他初掌大权。然而,在西方海军的强大威胁下,穆拉德重新上台,直到 1451 年去世之后,穆罕默德才继承大位。基督教世界原本期待会有一段和平时期,但穆罕默德却决定要占领基督徒的君士坦丁堡,也就是东罗马帝国的前首都。当时,这座城市已经完全被奥斯曼人的领土包围,但仍可以被当作政敌的流亡之所,还会鼓励基督徒参加十字军向东进犯,因此很有必要将它攻克。1453 年 4 月,他率领一支强大的军队,带着巨炮前来围城,西方基督徒还没来得及前来援助,这座城市就在 1453 年 5 月 29 日被攻陷了。穆罕默德将其作为自己的首都,并允许希腊人过原本的宗教生活。

君士坦丁堡的陷落让西方世界大为恐慌,人们担心穆罕默德将继续向基督教世界挺进。而穆罕默德的确继承了奥斯曼帝国进攻巴尔干地区的传统,在 1456 年派出强大的军队和坚船利炮去进攻贝尔格莱德。如果拿下这座城市,他就能够逆多瑙河而上进入匈牙利(见地图 6)。亚诺什·匈雅提带领一支十字军援军开赴贝尔格莱德。救援取得了成功,穆罕默德不得不撤退。但他没有放弃对巴尔干半岛用兵。至 1459 年,塞尔维亚已经被奥斯曼帝国鲸吞。他占领了摩里亚,只给威尼斯留了几个港口。1461 年,他还征服了黑海南岸属于希腊帝国的特拉比松(位于今土耳其的特拉布宗)。穆罕默德发展了奥斯曼帝国的海军力量,在攻打特拉比松和威尼斯人的时候,这些力量都曾派上用场。

尽管西方诸国曾多次发动讨伐穆罕默德的十字军运动，阿尔巴尼亚亲王乔治·卡斯特里奥蒂·斯坎德培（George Castriota Scanderbey，逝于1468年）生前一度挡住了土耳其人的进犯，匈牙利国王马加什·科尔温（1458—1490年在位）和威尼斯人也曾数度抵抗，但总体成效并不显著。马加什·科尔温在南部边境修建了许多堡垒，威尼斯人也为对贸易至关重要的希腊岛屿和港口而与土耳其人针锋相对。他们与穆罕默德在土耳其内部的敌人结盟，派舰队袭击他的沿海阵地和岛屿。然而，这些行动都无法阻止穆罕默德向东欧和西欧发展。1478年，他征服了阿尔巴尼亚。1479年，威尼斯前来议和，承认了穆罕默德对内格罗蓬特岛（优卑亚岛）和其他领地的所有权。

1480年，穆罕默德发动海军攻击罗德岛，这里是医院骑士团的总部。与此同时，他还派了另一支舰队攻打意大利南部，他的军队在陆地的征战也并未停止。奥特朗托被攻占，但罗德岛在大团长皮埃尔·德·欧比松（Pierre d'Aubusson）的指挥下挡住了进攻，逼得穆罕默德的军队不得不退却（见“文献十二”）。1481年，穆罕默德离世。9月，奥特朗托被十字军夺了回去。穆罕默德之死引发的政治危机绊住了土耳其人西进的步伐。穆罕默德的一生遵循着一种与基督教世界对抗的“圣战”政策。虽然形形色色的十字军粉墨登场，也曾在1456年的贝尔格莱德和1480年的罗德岛挫败了穆罕默德，但大公基督教世界依然无法抵挡他强大的军事势力。

萨拉丁（生于1138年，逝于1193年），阿尤布王朝的耶路撒冷征服者

萨拉丁是阿尤布王朝的第一位苏丹，他的全名是马利克·纳赛

尔·萨拉丁·阿布尔-穆扎费尔·优素福·伊本·艾优卜(阿尤布)。最后一个短语“优素福·伊本·艾优卜”的意思是“艾优卜之子优素福”。他出身于一个库尔德人的军官家庭,他的父亲是巴贝克(Baalbek,位于今黎巴嫩)的管理者。从 1152 年开始,他为大马士革苏丹努尔丁效劳,但他首次在埃及声名鹊起是 12 世纪 60 年代叔叔谢尔库赫(shirkuh)手下服役时。1169 年,他的叔叔成为埃及的维齐尔,但两个月后就去世了,萨拉丁接替了这个位子。在担任维齐尔期间,萨拉丁组建了一支新军,加强了开罗的防卫,并击退了与拜占庭结盟的耶路撒冷王国的进攻。他还终结了什叶派法蒂玛王朝对开罗的统治,让埃及倒向巴格达的逊尼派哈里发。1174 年努尔丁去世后,萨拉丁接掌了大马士革,并迎娶了努尔丁的遗孀。他成了大马士革和埃及的君主,其领地对十字军诸国形成了合围。12 世纪 70 年代晚期,他入侵耶路撒冷王国,并于 1183 年劫掠了这个王国,但最终选择了撤军。

萨拉丁在穆斯林内部有许多敌人,他花费了很多年来讨伐阿勒颇和摩苏尔,分不出精力攻击十字军诸国。作为严格的传统穆斯林,他将对基督徒的战争表述为“圣战”,是一项能够团结穆斯林的事业。换句话说,他的国家并不统一,他得任命许多亲戚和支持者来作为管理各地的王公贵族,并供养军队。

至 12 世纪 80 年代中期,萨拉丁已经战胜了穆斯林内部的对手。这时,他转而与拜占庭帝国结盟,并与意大利各城市共和国签订贸易协定,为埃及吸引更多的贸易。他与的黎波里的伯爵雷蒙德三世达成协议,让自己的军队可以安全地通过伯爵的领地。在耶路撒冷王国的南部,外约旦(Transjordan)的领主沙蒂永的雷纳德(Reynald of Châtillon)向从大马士革到埃及或穆斯林圣地麦加的商旅索贡。

1187年年初，一支拒绝纳贡的商队遭到了攻击与劫掠，萨拉丁以此为借口攻击了耶路撒冷王国，虽然雷纳德主张的是他作为地区领主的权力，但萨拉丁的强大力量完全可以让这些权力成为一纸空文。

1187年5月，萨拉丁的军队借道的黎波里，蹂躏了耶路撒冷王国，并于5月1日在克雷松温泉(the Spring of the Cresson)击败了一支基督徒军队后撤离战场。6月底，他包围了加利利的市镇提比里亚(Tiberias)。7月4日，耶路撒冷王国的国王居伊(King Guy)倾力来援，却于7月4日的哈丁围困中被歼灭(见“文献三”)。萨拉丁攻占了耶路撒冷王国几乎全部的要塞和城市，其中包括大港口阿卡。至1187年年底，只有港口城市提尔以及耶路撒冷王国南部和北部的几个城堡依然掌握在基督徒手中。耶路撒冷城已经在1187年10月2日投降(见“文献四”)。萨拉丁命人用玫瑰水洗净清真寺，抹去所有基督教的象征物，让穆斯林的律法掌控这座也属于穆斯林的圣城。

在西方，教皇格列高利八世招徕十字军，以回应萨拉丁在圣地的所作所为(见“文献五”)。此前被俘虏的耶路撒冷国王居伊被萨拉丁释放，条件是他必须离开东方，但他留下来组建了一支军队，还包围了阿卡。一开始萨拉丁占据上风，但随着越来越多的欧洲军队赶来，基督徒赢得了海洋的控制权，而萨拉丁的军队则兴起了厌战的情绪，开始哗变。1191年7月，阿卡被十字军攻陷。萨拉丁在十字军南征途中不断进行骚扰，但未能阻止其步伐。然而，由于补给线出了问题，十字军没有包围耶路撒冷。1192年9月，双方休战。十字军赴耶路撒冷朝圣后返回西方。

萨拉丁逝于1193年3月，继任者是他的儿子们和他的兄弟阿尔阿迪尔(al'Ādil)。他的阿尤布王朝对埃及的控制保持到1250年，对阿勒颇和大马士革则延续到1260年。在伊斯兰世界，一直到19世纪,他才被人重新记起,但在西方基督教世界里,他的名字成了骑士精神和善治的代名词,从他的事迹中生发出许许多多的传说故事。

沙贾·杜尔(逝于1257年),某次十字军运动期间的埃及统治者

沙贾·杜尔最初是一名突厥奴隶,1240年起,她成了埃及的阿尤布王朝苏丹——萨利赫·阿尤布的妃子,她在苏丹的宫廷中集万千宠爱于一身,后来成为苏丹的正妻。他们育有一个儿子,名为哈里勒(Khalīl),可惜年纪轻轻就亡故了。沙贾·杜尔的权力和名声都是在丈夫死后才显露出来的,她在阿尤布王朝灭亡和马穆鲁克王朝崛起之中起到了一定的作用。⑤

1249年11月,法兰西国王路易九世开启了他的第一次东征之旅,目标是埃及,时值埃及苏丹萨利赫生病去世。根据阿拉伯历史学家麦格里齐大约两个世纪后的记载,沙贾·杜尔招来了埃米尔法赫尔丁·伊本·谢赫·舒尤赫(Fakhr al-Dīn ibn Shaykh al Shugūkh)——她亡夫的军队指挥官——和贾马尔丁·穆赫辛(Djamāl al-Dīn Moḥsin),说明了苏丹已经去世,要求他们保守秘密,以免打击穆斯林的士气,长了敌人的斗志。三人努力维持着政局,直到继承人图兰-沙阿从西森·卡伊法[Hiṣn Kaīfā,位于今土耳其东南部的哈桑凯伊夫(Hasankeyf)]赶回来。沙贾说服埃米尔们和官员向图兰-沙阿宣誓效忠,承认他为继承人。人们怀疑苏丹已经去世,贾马尔丁意图篡位,但沙贾继续装作苏丹依然在世,告诉大家他只是生病了,无法临朝。

在占领了重要的港口达米埃塔后,十字军风闻苏丹已死,便向开罗推进。法赫尔丁组织穆斯林进行抵抗。经过一系列战斗,十字军

在曼苏拉被击败,被迫撤军(1250 年 2 月 8 日),但法赫尔丁亦战死。沙贾·杜尔继续假借苏丹之名处理国务,直到图兰-沙阿抵达开罗继位,才公开苏丹的死讯。与此同时,十字军开始撤退,但被穆斯林军队包围,被迫投降。许多俘虏被杀死;十字军的领袖,包括法兰西国王路易九世在内被扣押,以换取赎金。在度过危机之后,图兰-沙阿要求沙贾·杜尔将前任苏丹的财宝移交出来。沙贾·杜尔拒绝承认有什么财宝,并向巴赫里耶马穆鲁克军求援。

巴赫里耶军是突厥穆斯林中的一支劲旅,都是从奴隶中选拔出来的,萨利赫把他们训练成私人的精英部队,有军功者获封土地和各种权力。他们不满于图兰-沙阿对沙贾·杜尔的恐吓,同时也担心他会威胁到他们。于是,巴赫里耶军除掉了图兰-沙阿,拥立沙贾·杜尔为苏丹娜。沙贾·杜尔当朝,展开了与被俘的路易九世,以及在达米埃塔驻守的王后玛格丽特的谈判,要求达米埃塔必须投降,用以交换路易九世,而且要支付赎金来赎回被俘的十字军战士。事后,路易和军队撤离了埃及。

但是,图兰-沙阿被杀的消息传到了大马士革,当地许多埃米尔拒绝承认沙贾·杜尔为埃及统治者,威胁要入侵埃及。1250 年 5 月,巴赫里耶军任命伊兹丁·艾伯克·图尔克迈尼(Izz d-Dīn Aybak al-Turkumānī)为军事指挥官,与沙贾联合统治。沙贾·杜尔于 1250 年 7 月退位。几天后,艾伯克亦退位,巴赫里耶军选中了一位新的苏丹——阿什拉夫·穆萨(al-Ashraf Mūsā),他是苏丹卡米尔(逝于 1238 年)的曾孙。作为阿尤布王朝的血嗣,他来当苏丹要比新贵艾伯克“合法”得多。不过,艾伯克继续在幕后以穆萨的名义发号施令。1254 年,艾伯克废黜了穆萨,再次坐上苏丹的宝座,这一次,他凭借的是沙贾·杜尔的丈夫这个身份。在艾伯克担任苏丹期间,沙贾·

杜尔是否掌握实权，历史学家对这一问题没有形成一致意见。

后来，艾伯克迎娶了另一位夫人，她是摩苏尔统治者之女。1257年4月，艾伯克被谋杀；沙贾・杜尔被视作应对丈夫的死亡负责，也被复仇者处决。艾伯克的私人奴隶军团——穆伊兹耶军（Mu'iziyya）将艾伯克的小儿子阿里选为苏丹。但在这之后，穆伊兹耶军的领袖忽秃思控制了埃及政权，他被视为第一任马穆鲁克苏丹。

“大帝”苏莱曼一世（生于1494年，于1520—1566年任苏丹），称得上最伟大最著名的奥斯曼帝国苏丹

苏莱曼一世是征服了马穆鲁克帝国的苏丹塞利姆一世的独子。在他的领导下，奥斯曼帝国的实力和影响力达到了巅峰。西方基督徒称他为“大帝”。⑥

苏莱曼刚继位时，他父亲的一些盟友和官员试图借机摆脱奥斯曼帝国的影响，但他们的图谋很快就被粉碎了。苏莱曼在1521年占领了贝尔格莱德，这是他对西方基督徒所取得的第一场大胜。接着他又打败了匈牙利，并于1529年进军奥地利，包围了维也纳，但未能攻克。1533年，他与哈布斯堡王朝休战，双方达成协议，将匈牙利划分为两个部分，分别归奥斯曼帝国和哈布斯堡王朝统治。之后他将战场东移，于1536年占领了巴格达及以北的一些地区。

在他统治的大部分时间里，他一直被这两个地区牵制着精力。1548—1549年，以及1553—1554年，苏莱曼在如今属于伊朗的地区作战。虽然他获得了一些领土，但没有取得什么实质性的收益。匈牙利边境一直以来都是争端的发源地，苏莱曼的最后一次战争就是1566年对匈牙利展开的，他也是死在此役的战场上。

当时另一个重要的冲突区域是地中海。苏莱曼的舰队从基督教势力手中夺取了许多希腊岛屿。首当其冲的是那些由医院骑士团控制的岛屿，在1522年年底，他占领了骑士团的基地罗德岛。苏莱曼还支持北非海盗或私掠船袭击基督徒的船只和海岸线。他招募了一名北非海军船长——海雷丁·巴巴罗萨(Hayreddin Barbarossa)担任海军上将，并与法国国王弗朗索瓦一世结为同盟，共同对抗神圣罗马帝国皇帝查理五世。1543年，他的舰队在法国的港口土伦(Toulon)浪费了一整个冬天，还是没能攻克尼斯(Nice)。1550年，查理五世的海军攻占了北非海岸的多个据点，促使苏莱曼和法兰西国王亨利二世举行谈判，拟成立一个新的联盟，但未能取得什么成果。1551年，苏莱曼的舰队重新夺取了北非海岸的的黎波里，此前它一直由医院骑士团守卫着。

1556年，查理五世退位。他的儿子，继承了西班牙王位的腓力二世与法国媾和，并继续在北非海岸展开海上军事行动。即便失去了法国盟友，苏莱曼依然想方设法守住了领地。腓力的舰队刚占领吉尔巴岛(island of Djerba，距离突尼斯海岸不远)，就马上被苏莱曼的海军上将夺了回去，他还重创了西班牙的舰队(1560)。1565年，苏莱曼派遣一支庞大的舰队进攻马耳他岛。军队发动了长时间猛烈的围攻，却依然未能从医院骑士团手中夺取该岛。

16世纪30年代，苏莱曼还在印度洋展开海军行动，攻击葡萄牙人在当地设立的贸易站。葡萄牙人控制着波斯湾的入口，挡住了苏莱曼的商船从如今的伊拉克驶往印度洋的通路。但即便他在也门(Yemen)占领了一些地盘，依然无法将葡萄牙人驱逐出去。

作为一位穆斯林统治者，苏莱曼对抗基督教势力的战争被臣民们视为“圣战”。然而，他所进行的大部分战争都发生在帝国的东部，目标是伊朗的穆斯林。这些什叶派穆斯林被描述为对抗奥斯曼帝国合法权威的叛乱者和异端。与他们作战，就像与基督徒作战一样，既是一场“圣战”，也是一种宗教义务。

在统治期间，苏莱曼还要面对帝国内部诸多问题的挑战。1526—1528 年，安纳托利亚发生了一系列叛乱，迫使他从匈牙利撤军。在统治末期，他还得处理儿子们的反叛。1553 年，他处决了儿子穆斯塔法，原因是怀疑后者密谋叛乱。1558 年，他的另一个儿子巴耶济德发动叛乱。失败后，巴耶济德逃跑，在如今的伊朗被囚，后被处决。1566 年，苏莱曼唯一存活的儿子塞利姆二世继承了大位。

注释：

① 以下内容基于 J. H. Elliot, *Imperial Spain, 1469—1716* (Harmondsworth: Penguin, 1970), pp. 47 - 51。

② Rowell, *Lithuania Ascending*, pp. xxxii - xxxviii, 52 - 59.

③ Peter of les Vaux-de-Cernay, *The History of the Albigensian Crusade: Peter of les Vaux-de-Cernay's Historia Albigensis*, trans. W. A. and M. D. Sibly (Woodbridge, Suffolk, and Rochester, NY: Boydell, 1998), p. 111 note 11, p. 73 note 37 and p. 117.

④ 托马斯所著的玛格丽特的传记刊于 Paul Gerhard Schmidt, "'Peregrinatio periculosa'. Thomas von Froidmont über die Jerusalem-Fahrten seiner Schwester Margareta," in Ulrich Justus Stache, Wolfgang Maaz, and Fritz Wagner, eds., *Kontinuität und Wandel: Lateinische Poesie von Naevius bis Baudelaire. Franco Munari zum 65. Geburtstag* (Hildesheim: Weidemann, 1986), pp. 461 - 485。译本请参见 Julia Bolton Holloway, "Margaret of Jerusalem/Beverley and Thomas of Beverley/Froidmont, Her Brother, Her Biographer," at http://www.umilta.net/jerusalem.html。

⑤ 关于沙贾·杜尔的研究摘要，参见 David J. Duncan, "Scholarly Views of Shajarat al-Durr" (1998), at www. ucc. ie/chronicon/duncan. htm, accessed 11 June 2003。关于麦格里齐，参见 R. J. C. Broadhurst, *A History of the Ayyūbid Sultans of Egypt, Translated from the Arabic of al-Maqrīzī* (Boston: Twayne Publishers, 1980).

⑥ 以下内容基于 Colin Imber, *The Ottoman Empire, 1300—1650: The Structure of Power* (Basingstoke and New York: Palgrave Macmillan, 2002), pp. 48 - 61。

原始文献

文献一　布卢瓦伯爵斯蒂芬致夫人——诺曼底的阿德拉的家书，1098 年 3 月 29 日

布卢瓦伯爵斯蒂芬是法兰西北部一位重要的领主，也是第一次十字军东征的领袖之一。这是他给夫人的第二封信，他的夫人——诺曼底的阿德拉(Adela of Normandy)是著名的威廉公爵的女儿，威廉公爵在 1066 年征服了英格兰。在伯爵离开期间，阿德拉统治着布卢瓦。十字军经过长途跋涉，通过小亚细亚，于 1097 年下半年抵达安条克。他们包围了这座城市并建造了工事。

斯蒂芬的写作风格读起来有些令人喘不上气。这封信是他口述，经随军神父亚历山大记录而成，之后委托信使送至法兰西的。在信的末尾，他表示，尽管他一心投入十字军运动中，但还是犯了思乡病，希望这项事业能够尽快结束。

信中包含了许多与十字军东征相关的有用的细节。他告诉我们十字军当时已经占领了小亚细亚的许多城市和要塞，并与埃及法蒂玛王朝的统治者达成了协议。他还告诉我们，十字军相信上帝会在每一场战斗中帮助他们，战死的十字军将士的灵魂会直接进入天堂。

在 1098 年 6 月初，十字军占领了安条克。不久之后，就在苏摩尔的卡布卡围攻此城之前，斯蒂芬脱离了十字军。后来，他又在 1101

年回到了东方,并于1102年在小亚细亚身故。

译者*添加的信息标注在方括号中。

伯爵斯蒂芬致阿德拉,他最甜美、最可爱的夫人,以及他最亲爱的儿子们和所有忠诚的子民,无论尊卑,愿得到上帝的恩典和保佑。

我最亲爱的,你可以完全放心,派出信使从安条克城外离开时,我身体康健、感觉良好,受人尊敬且诸事顺意,感谢上帝的恩典。在我主基督的大能之下,我们如今与基督的全体选军一起在我主基督的营地驻扎已达23周之久。相信我,我的爱人,相比离开时你赠予我的财富,此时我拥有了两倍的金银,还获得了许多其他财宝,因为我们全体王公,根据全军的共同约定,推选我暂时成为他们的领主,即所有行动的管理者,以及长官,虽然我并不想得到这样的地位。想必你已经听说了,在占领尼西亚以后,我们与背信弃义的突厥人打了一场恶战,在我主的帮助下,我们击败了他们。此役过后,我们为上帝赢取了整个罗曼尼亚[Romania,曾属于拜占庭帝国的小亚细亚地区]的好些土地。后来我们来到卡帕多细亚(Cappadocia),在卡帕多细亚我们得知当地住着一位名叫阿萨[哈桑]的突厥王公。我们径直攻去,用武力占领了他所有的城堡,接着将他逼进一座坐落在高耸峭壁上的坚固城堡里。我们将阿萨的土地留给我们的一位王公,派他和许多基督的骑士驻扎下来,以便与这位阿萨作战。之后,我们前往追赶那些一直跟着我们的邪恶的突厥人,从(奇里乞亚)亚美尼亚中部一直追到幼发拉底河,追得他们将所有物资和驮兽都丢弃在岸边,逃到对岸的阿拉伯[伊拉克?]去了。突厥人中有些勇猛的骑士在前

---

* 此处的"译者"指将这封信译为英文的人。

面疾驰，不分昼夜地飞奔，进入了叙利亚地区，在我们到达之前躲进了皇家城市安条克。当整支上帝之军得知此事时，他们对全能的主致以感恩与赞美，并带着极大的喜悦赶往前面所说的重要城市安条克。我们包围了它。

我们经常与当地的突厥人发生冲突。实际上，我们已经与安条克城里的士兵，以及赶来的援兵战斗了七次。因为基督是我们的元帅，我们与他们遭遇，用比他们更强大的斗志战斗，在前面说到的七次战斗中，我们都在我主的帮助下，取得了胜利，杀敌无数。在这些战斗，以及城里的遭遇战里，他们杀死了我们的许多兄弟，这些兄弟的灵魂归于天堂的喜乐之中。

我们当然认识到安条克是座大城，比想象的更坚固，更难以攻克。5 000 多位勇敢的突厥骑士涌进城里，加上撒拉逊人(Saracens)、保罗派*、阿拉伯人、土耳其之子**、叙利亚人、亚美尼亚人和其他民族，聚集在城内的人不可胜数。因此，借着上帝的恩典，我们在攻击上帝和我们的敌人时，付出了许多辛劳，犯下了无数罪孽。许多战士在这最神圣的苦难中耗尽一切，如果不是上帝的仁慈和我们的金钱让他们支撑下来，许多法兰克人已经饿死了。在安条克城外，我们整个冬季都在为了我主基督而忍受着严寒和无休止的雨水。有人说叙利亚的日晒酷热难耐，这并非实情，因为这里的冬天和我们西方差不多。

当安条克的埃米尔(也就是王公或领主)凯思比安[Caspian，亚

---

* 原书此处为“Publicans”，似有误，应为“Paulicians”，即“保罗派”，这是一个基督教的异端教派，该教派兴起于亚美尼亚，在 11 世纪后，其威胁逐渐减弱。

** 土耳其之子(Turcopoles)，在十字军东征期间，拜占庭帝国和十字军诸国在当地招募的马背上的弓箭手和轻骑兵。

吉·西彦(Yaghisiyan)]看到我们带来的沉重军事压力,就派遣他的儿子萨森尔多[Sensaldo,赡斯·阿德道拉(Shams-ad-Danlah)]向耶路撒冷王公、卡雷普王公罗多安[Prince Rodoan of Calep,阿勒颇的里万(Ridwan of Aleppo)],以及大马士革王公杜卡普[Docap,杜卡克(Duqaq)]求援。他还派人前往阿拉伯[伊拉克?]的博利亚努特[Bolianuth,巴格达?]和克洛塔尼亚[Corathania,呼罗珊(Khorazan)]的哈默尔努特[Hamelnuth,阿拉穆特(Alamut)?]寻找援军。这五位埃米尔立刻带着12 000名突厥骑士前来支援。与此同时,我们对援军的到来一无所知,却把许多骑士分散安排在城市和城堡里,因为此时在叙利亚已经有165座城市和城堡由我们亲自掌管了。然而,就在他们快要抵达安条克时,我们与700名骑士在3里格*外的铁桥[吉塞·哈迪(Jisr al-Hadid)]的一个平地上与他们相遇了。上帝为了我们——他忠实的子民——而战:当天,借由上帝的力量,我们在战场上击败了他们,杀敌无数,为我们而战的上帝与我们同在,我们将200多首级送回了军中,为基督的子民带来喜悦。巴比伦[埃及]的统治者派遣撒拉逊使者,带着他的信件来军中找我们,通过使者与我们达成了和平协议。①

我最亲爱的,我非常乐意告诉你在四旬斋期间发生的事。在某扇城门与我方城堡之间扎营的王公们决定就地兴建一座城堡,因为每天都有突厥人从这扇门里出来杀害我们前往海边的子民。(安条克城与大海之间的距离是5里格。)因此,他们派著名的博希蒙德和吉尔的雷蒙德伯爵率领一支只有60位骑士的队伍前往海边,护送水

* 里格(league),是长度单位。在海洋中,1里格约等于3.18海里,即约5.56千米。在陆地上,1里格约等于3英里,即约4.83千米。

手前来完成任务。当他们带着水手返回的时候，突厥人纠集了一支军队前来偷袭，两位王公仓皇奔逃。在这次考虑欠妥的行动中（正如我们描述的那样），我方损失了500多名步兵，荣耀我主，但只损失了2名骑士。那天我方接近前面提到的城门时，正在庆祝胜利的安条克骑士和步兵向我们冲杀过来。当我们看到他们时，立刻派人前往基督徒的营地，告诉所有人准备战斗，并前来与我们会合。当我们还在召集军队的时候，失散的王公，也就是博希蒙德和雷蒙德，带着残兵回来告诉我们所遭受的重大不幸。坏消息将我们激怒了，我们控诉起渎神的突厥人，出于损失了兄弟的悲愤，我们准备要为基督死战。上帝的和我们的敌人毫不迟疑地逃跑了，想要躲进城内，但在上帝的恩典的照拂下，他们完全没能如愿。当他们想要通过奥龙特斯河*上的桥梁时，我们追了上去，展开近身战斗，在他们上桥之前杀了许多人，还将许多被我们杀死的穆斯林丢下了河。我们在桥上和城门入口前面也杀了不少人。我和你说，我最亲爱的，你可以相信我说的全是真的。在同一场战斗中，我们杀死了30个埃米尔，也就是他们的王公，还有其他300名高贵的突厥骑士，以及普通突厥人和异教徒。突厥人和撒拉逊人共死了1 230人，而我方则无一阵亡。

复活节当天，当我的随军神父亚历山大正在匆忙誊写此信时，我方的一支军队伏击了突厥人，在我主的引领下打了一场胜仗，杀死了60名他们的骑士，将首级全部带回了我方营中。

亲爱的，我写下的这些事，只是发生的诸多事件中的一小部分。我没有办法向你表述我脑海里的所有事情，亲爱的，我要求你好好履

* 此处原书写作“Moscholus”，查无此处，似有误，经查阅拉丁原文为“moscholo fundatum”，其中“moscholo”一般理解为“奥龙特斯河”（Orontes River），在安条克的城门中，确有一扇门位于跨越奥龙斯特河的桥上。

行职责，尤其是管理好领地，体面地照料孩子和子民，你将从中得益，因为我将尽快赶回你的身边。

向你道别。

拉丁原文出自：*Epistulae et chartae ad historiam primi belli sacri spectantes quae supersunt aevo aequales ac genvinae. Die Kreuzzugsbriefe aus den Jahren 1088—1100. Eine Quellensammlung zur Geschichte des ersten Kreuzzugs*，*ed.* Heinrich Hagenmeyer（Innsbruck：Wagner'schen Universitäts-Buchhandlung，1901；reprinted，Hildesheim and New York：Georg Olms，1973），pp. 149－152。

文献二　安条克之战，1098年6月28日

第一次十字军东征中的战士们占领了除主城之外的安条克的领地；但此时，他们被摩苏尔的统帅卡布卡率领的穆斯林军队围在了城里。这时，他们面临着受困饿死和主动向穆斯林军队出击两种选择。他们还不知道，卡布卡也遇到了问题，他指挥的不同军队之间并不和谐，存在纷争。历史学家普遍认为下面这篇文献叙述的是十字军战士亲历的战斗场面。然而，他们对作者的身份是武士还是神职人员存在着分歧；这篇文章是用简单直白的拉丁文写成的，说明作者应该是一位受过教育的武士，或是一名教阶比较低的神职人员。②

最后，经过三天的斋戒，以及从一座教堂到另一座教堂的正规巡游之后，他们[十字军]进行了告解，并被赦免了所有的罪。他们在圣

餐礼中虔诚地领受了基督的圣体与圣血，进行了布施，并举行了弥撒。城里的军队分成了6支部队。第一支打头的是韦尔芒杜瓦(Vermandois)的“伟大的”于格，以及法兰西和佛兰德斯的罗贝尔伯爵的军队。第二支则是布永的戈弗雷的部队。第三支是诺曼人罗贝尔[“短袜”]和他的骑士。在第四支军队中则有携带圣枪的勒皮主教阿代马尔，③以及跟随他的民众，还有圣吉尔的雷蒙德伯爵的军队，雷蒙德伯爵的这支部队留下来看守主城，以防突厥人的进攻。第五支军队是侯爵的儿子唐克雷德和他的封臣。第六支则是“智者”博希蒙德和他的骑士。我们主教、神父、教士和修士们穿着神圣的法衣，带着十字架跟着我们，祈祷并恳求主庇佑我们，保卫我们，免遭一切邪恶祸害。其他人则站在城门的墙上，手中拿着神圣的十字架，让十字架的标志笼罩在我们头顶，保佑着我们。于是，在十字架的保护下，我们排好队，从清真寺对面的城门走了出去。

卡布卡见到法兰克人的军队军容齐整，依次而出，于是说道：“让他们都倾巢而出吧，这样我们才更好消灭他们。”不过当他们全部出城之后，卡布卡却发现这是一支庞大的法兰克守城部队，非常惊恐。他立即命令负责一切事务的埃米尔，如果看到先头军队点火，就立刻命令整支军队撤退，因为他明白突厥人的这场仗已经输了。

接着卡布卡开始一点一点往山上退去，我方亦步亦趋地跟着他。接着，突厥部队分成了两支，一支朝着海边而去，另一支留在原地，原来是想要包抄我军。鉴于这种情况，我方也相应行动起来：从戈弗雷公爵和诺曼伯爵[“短袜”罗贝尔]的军中分出第七支部队，领头的是[图勒(Toul)]伯爵雷纳德[三世]。他们被派去迎击海边过来的突厥人。突厥人与他们对战，用箭矢杀了我军许多战士。突厥人的另一支部队从河边排开，一直到山边，长达两英里*。两支部队从阵中冲杀出来，从四面八方包围我们，用投枪和箭矢杀伤我们。

接着，无数战士从山上冲下，他们骑着白马，军旗都是白色的。我方看到这支军队，却完全不知道发生了什么事，也不知道他们是谁。后来才知道这是来自基督的援军，领头的是圣乔治、梅尔克利乌斯(Mercurius)和德米特里(Demetrius)。[4]这话你必须相信，因为我方许多人都看到了他们。

海边的突厥人见势不妙，就立刻放火烧草，这样军帐里的人就会看见并逃跑。军帐里的人看到了信号，便收拾好值钱的东西脱逃。我方一点一点向他们军力最强的部分——军帐挺进。戈弗雷公爵、佛兰德斯伯爵和“伟大的”于格冲到了突厥军队驻扎的水边。他们是第一批进攻的部队，他们一起用手比画十字以加强攻击的能力。其他部队看到了也做了同样的动作。波斯人和突厥人大声喝骂挑衅，我们则口诵大能真神上帝的话语，骑马向他们冲去；我们以耶稣基督及圣墓之名战斗，在上帝的帮助下击溃了他们。

惊恐的突厥人逃之夭夭，我方则在军帐后面紧紧追赶，基督的骑士乐于追赶敌人，而非先收集战利品。他们一直追到奥龙特斯桥，再追至唐克雷德的城堡。突厥人丢弃了帐篷、金银和许多装饰品，还有牛羊、骡马、骆驼和驴，以及谷物、葡萄酒、面粉和其他对我们来说必不可少的物资。

住在那一带的亚美尼亚人和叙利亚人听说我们战胜了突厥人，纷纷跑上山去寻找他们，把所有能抓到的突厥人都杀死了。而我们则带着极大的喜悦回到城内，赞美和祝福我们的上帝，赐予他子民胜

* 1英里约合1.61千米。

利的上帝。

拉丁原文出自："Gesta Francorum," in *Recueil des Historiens de Croisade*, *Historiens Occidentaux*, vol. 3, part 1, ed. l'Académie des Inscriptions et Belles-Lettres (Paris: Imprimerie Impériale, 1866; reprint, Farnborough: Gregg International, 1967, and Ann Arbor, MI: UMI, 2000), pp. 150－151。

文献三　圣殿骑士团成员蒂埃里致全体骑士团兄弟，关于耶路撒冷王国被萨拉丁攻占，1187 年 7 月

这是一封典型的呼救信，由圣殿骑士团的领导成员递送给西欧骑士团的兄弟。蒂埃里（拉丁文作"Terricus"）在信中称自己为"圣殿陋屋的大首领"*。他还将此信的抄本寄给了教皇乌尔班三世、佛兰德斯伯爵菲利普，并向全体基督徒发布。继骑士团团长在 1187 年 7 月 4 日的哈丁战役中被俘，军务官于同年 5 月 1 日的克雷松温泉战役中丧命之后，蒂埃里作为大首领成了骑士团的官方领导者。正如他在信中所说，几乎所有修道院，或骑士团中心大屋的兄弟都在这两场战役中牺牲了。作为圣殿骑士团对哈丁战役的记述，这封信是独一无二的。请注意，与后来基督徒的消息来源不同，蒂埃里没有指控任何基督徒背信弃义，他陈述道，自己与的黎波里伯爵雷蒙德，以及他的盟军一同逃离了战场——而后来一些关于这场战斗的描述称，

* "大首领"(grand commander，拉丁文作"Magnus Preceptor"，据丹·琼斯《圣殿骑士团》及相关论文介绍，该职位主要是管理骑士团在各地的土地财产事务。

伯爵与圣殿骑士团乃是死敌。由此看来,他们之间糟糕的关系是被夸大了。

蒂埃里向西方世界投书两封,请求援助:本书收录的这封,大概写于1187年7月下旬,而第二封致英格兰国王亨利二世的信,写于1188年年初。⑤致国王亨利的信故作乐观,信中强调,尽管东方发生了灾难,但基督徒依然在坚持,并等待西方的援助。而第一封信则悲观得多,是发自内心的求助信,它是用12世纪晚期拉丁教会书信规范的华丽风格写就的。

骑士团成员蒂埃里,圣殿陋屋以及每一个可怜的兄弟和几乎被全部摧毁的修道院的大首领,致收到此信的所有骑士团首领和兄弟们,向你们致以问候;在圣殿中哀叹,它的美丽令日月惊叹。

用文字,或是含泪的声音都无法向你们描述,唉!如今,由于我们罪有应得,上帝降下许多大灾难折磨我们。突厥人召集了规模庞大的军队,对我们基督徒的边境猛烈进攻。在圣彼得和保罗节[6月29日]后的一个星期,我们的战斗部队集合在一起,准备与他们交战,冒险前往被敌方攻占的提比里亚——只有那儿的城堡还在坚守。他们将我们逼进险恶的绝路,给我军造成了重大打击[7月4日哈丁之战],真十字架[王国的圣物]和国王[吕西尼昂的居伊]都被对方掠了去,我方多人被杀害,我们相信有230位圣殿骑士团的兄弟被割去头颅,这还不算我们骑士团在5月1日[克雷松温泉之战]被杀害的60位兄弟。的黎波里的伯爵大人[雷蒙德三世]、西顿的雷金纳德大人(Reginald of Sidon)、[伊贝林的]贝里昂(Balian)大人和我差一点就无法逃离那悲惨的战场。接下来,基督徒的血激发了异教徒们的狂暴,他们一刻也不停歇,带着大军前来攻打阿卡城。在他们猛烈的攻击下,城池陷落了[7月9日]。他们侵略并占领了几乎所有王国的领土。留给我们和基督教世界的,只剩下耶路撒冷、阿斯卡隆和贝鲁特,如果上帝和你们的援助不能及时到来,我们就再也坚持不下去了,因为几乎所有城里的人都被杀死了。当下,他们[穆斯林]正在围攻提尔城,昼夜不停;他们的军势如此之大,铺天盖地,从提尔一直绵延到耶路撒冷,再到加沙(Gaza),如同蚁蝗一般。因此,你们的速度越快,对我们和已经完全绝望的东方基督徒的帮助越大,凭着我主的尊荣和你们的兄弟情谊,以及你们对我们的支持,我们也许能拯救剩下的城邑。

以此作别。

文献来源:Roger of Howden, *Gesta regis Henrici Secundi: The Chronicle of the Reigns of Henry II and Richard I*, ed. William Stubbs, 2 vols., RS 49 (London, 1867), vol. 2, pp. 13 - 14。

文献四 萨拉丁的书记官伊玛·丁对袭击耶路撒冷的描述,1187年9月20日—10月2日

萨拉丁的书记官伊玛·丁(Imād al - Dīn)清楚他的主人有许多敌人。在他所记录的萨拉丁征服史中,他强调了萨拉丁的美德和虔诚,借以证明那些批评萨拉丁的人的谬误。他的文风非常华丽,排布着连绵的短句和修饰,创造了一幅令人印象深刻的画面。请注意,文中描述称穆斯林军队在与一群宗教狂热者为战,基督徒被归为异教

徒(非信徒)——这与基督教世界文献所反映的完全相反。本文的翻译依照的是昂里·马塞(Henri Massé)根据阿拉伯文本翻译的法文译本。

最后,苏丹[萨拉丁]从阿斯卡隆出发,向耶路撒冷进军,他雄心万丈,胜利在望,军势浩荡。扬鞭所指,唾手可得;宝库良仓,丰美以待;充满希望,满溢香气;他的善行广布四方;体香如此芬芳;强大不言自明;权势倾覆天下。他的队伍军容焕发,熠熠生辉;普照世界,赫赫其名;所到之处,扬尘遮天,晴空如漫漫长夜,烈日如阴翳残月。连大地都在抱怨泥土被军队夺走,交给了天空。苏丹率军前行,人们见此壮景,欢欣鼓舞。金戈铁马的征服史已然写就;苏丹的宏图大志无不化作铭刻其上的赫赫功绩;那疆域日益广阔,而他的眼界、成就,如典范一般,丰美而崇高!伊斯兰啊,将耶路撒冷视作美眷,万千英魂为她的妆奁,为她带去美满,抚平她的一切不幸……⑥

[法兰克人的]间谍带着邪恶的狂热来到他们中间,告诉他们纳西尔(Nāṣr)带着必胜的大军已经到来,军旗飘扬……⑦

……就在7月20日,星期五,苏丹将大军移驻[耶路撒冷城]北边,扎下营来,堵死法兰克人的通路,威胁与日俱增,攻城器械安装妥当,灾难将会像乌云里集聚的暴雨一样从天而降。他让巨石弹[从攻城器]抛射出来的声音回荡在圆顶清真寺上空,震撼着城墙之后那些信奉谬神的[基督徒]军队。他们的首领龟缩在围墙里再也不敢出来,逃避着不幸的命运和可怕的日间行动,极力避免遭受损伤。

圣殿骑士团惴惴不安;贵族们掉进了灭亡的深渊;医院骑士团面临灭顶之灾;兄弟会逃不脱死亡的命运;在抛旋的巨石和射来的箭矢之下,他们无处藏身。看着那些狂徒陷入火海,[苏丹]军中群情激昂，即便他们没有面盔，无以抵挡金铁的亲吻，但他们因战斗的热情而血脉偾张，他们的双手紧紧攥住闪亮军刀的刀柄，他们的灵魂因渴望还未满足而焦急躁动。城墙的基石和垛口的墙齿都被攻城器抛出的石块砸毁。目睹这一幕的人应该会说，那些被抛出去的巨石如同疯了一般，简直就是无人能挡的勇士；它们就像是被绳索拖拽的山脉。人们会说，它们是人力驱动着跳跃的蚱蜢，是不幸与死亡之母，孕育灾难的产妇。巨石之下，没有什么可以抵挡，攻城器周围，没有任何安全之所，纵然戒备森严也无济于事。危险与石弹齐头并进；经行处，给敌人留下的，只有苦难。如果星星会从天上坠落！如果巨石会从山巅迸发！如果火炬会像火花一样散射！——那也远远比不上抛石机造成的破坏、留下的创伤、攻击的战果，更不如它猛然射出的精确度，拖拽绳索的牵引力。片刻不停，这些“英雌”用身上的吊索将一切连根砸毁，用整个身躯发出重击，兴高采烈地拉满绳索，用身下的石块击打、拆毁、掀翻、劈开目标，瞄准敌人将行的那些邪恶之事，将一块又一块巨石投掷出去，震松壁垒，破坏牢固的建筑，砸毁城墙的基底，拆卸拱顶的楔石，放干水池让他们只能到泥坑里取水。

归为一言，它们将壁垒夷为粉齑，让敌人溃散而逃。敌军发现他们已被击败，阵营荡然无存。护城河不再是阻碍，军队昂首向前，胜利在召唤着伊斯兰，灭亡则等待着异教徒。缺口被打开，难题消失无踪，拼杀的目的就此达成，作战的计划得以实现，苏丹的愿望获得满足，而叛军则遭到了重创，他们的战线被击溃，战争宣告结束。我军士气大振，井井有条。外邦人[基督徒]对即将降临的伤害惊恐万分，他们用健康换来疾病。城市投降了，沟渠带全被破坏。

文献来源：‘Imād al-Dīn al-Isfahāni (519 - 597/1125 - 1201),

Conquête de la *Syrie et de la Palestine par Saladin* (*al-Fath al-qussî fî l-fath al-qudsî*), traduction française par Henri Massé (Paris: Paul Geuthner, 1972), pp. 44 - 46。

文献五 “闻讯战栗”：教皇格列高利八世呼召第三次十字军东征的通谕

当得知哈丁战役失败的消息——圣物真十字架和耶路撒冷国王居伊都落入敌手(见文献三)——教皇格列高利八世向所有基督徒发出通谕，呼召大家前往东方的基督教领地施以援手。这封“十字军通谕”遵循着一种标准模式：列出了促使他发出呼吁的东方发生的那些可怕事件，解释了必行之事，还开列了此次十字军将会获得的特权。请注意，在文本中教皇称自己为主教，因为他是名副其实的罗马主教。他还称自己为“上帝的众仆之仆”，这一谦卑的头衔强调了教皇的角色是对其他基督教徒给予帮助，而不是对他们进行统治。但他也自称“使徒”，因为他是使徒彼得(西门)的继承人。

主教、上帝的众仆之仆格列高利，向所有收到此信的虔诚的基督子民致以问候和使徒的祝福。上帝的神圣之手在耶路撒冷之地所行的严厉审判，我们已经听闻并为之战栗。我们与我们的兄弟[枢机主教]完全陷入了恐惧导致的恍惚和如此巨大的悲伤所带来的震惊中，除了感受到《诗篇》作者所哀叹与陈述的那句：“神啊，外邦人进入你的产业……”(《诗篇》79：1*)之外，我们尚无法轻易地知晓该如何

* 译文引自和合本《圣经》，如无特别说明，以下经文皆引自和合本《圣经》。

行动，或者我们应该做什么。在那个国家，恶魔煽动着人们的恶意，产生了一些纷争，于是萨拉丁带着众多武士攻入了那个地区。他迎头撞上了国王、主教、圣殿骑士团和医院骑士团，以及那个国家的贵族和骑士，还有我主的十字架——那曾是那片土地上的人们最可靠的护佑，是对异教徒最得力的抵御，因着基督徒对基督受难的记忆与信念，我主曾被钉于其上，并以此救赎了万民。双方发生了军事冲突，我方被击败了，我主的十字架被夺走，主教被砍成几段，国王也被俘虏，几乎所有人不是被敌人的剑杀死，就是变成了阶下囚，只有很少人得以脱逃。就连圣殿骑士团和医院骑士团的团员也在萨拉丁的眼前被斩杀。

我们认为在信中没有必要再解释在战胜我们之后，他如何入侵领地并掠夺了一切，据说仅剩极少地方还未落入他的手中。尽管我们可以像先知一样说，“但愿我的头为水，我的眼为泪的泉源，我好为我百姓中被杀的人昼夜哭泣”[《耶利米书》9：1]，但我们不应如此沮丧，以免被[上帝]鄙视，应相信上帝乃是对他的子民发了怒，所以他对芸芸众生那普遍的罪恶降下怒火。他的怒火，不可凭着他的怜悯而快速解除，不可通过忏悔而平息，哀恸悲号亦无法引领他的子民获得喜乐。在面对如此悲惨的消息时，如果有谁没有在身心两方面都哀痛万分，那每一位有头脑的人不仅能从中辨别出这个人对基督的信仰到底有几分——因为我们的信仰教导我们，与哀哭的人要同哭——而且还能知道他究竟丢失了多少我们共同的人性，因那巨大的危险和野蛮的暴行，以及对基督宝血的渴望，用尽全力来玷污圣物，妄图将圣名从地上除去。因此我们无须多言。

起初是先知们同心作工，而后是使徒与他们的门徒作工，努力在那个国家存续了神的敬拜，并从那里流传到世界的每一个角落。最伟大而不可言说的是，上帝，万物因他而受造，希望通过凡人不可言的智慧和凡人不能解的怜悯而成肉身，希望通过身体的虚弱、饥饿、口渴、十字架、死亡和复活来实现我们的救赎。按经文所说，“在地上施行拯救”[《诗篇》74：12]，他屈尊为此作工。口舌不能言，认知亦不可理解，我们同全基督的子民该为如今这个国家所遭受的苦难哀悼多少，它所经历的，正是那古代的子民所同样遭受的呀。我们不应该相信，此事的发生乃是因为某位杀人法官的不公，宁可将它视作一群不法之徒的邪恶，因为我们读到，当人们转向主时，一人可使千人逃跑，两人可使万人逃跑，当子民们休息，西拿基立*的大军便被天使之手灭尽。但那个国毁灭了他的人民，它不可能长治久安，亦无法庇护违反神圣律法之人。相反，对于一心向往天上耶路撒冷的人，它就是教训和实例。因为若不努力行善，多经试炼，就无法到达那里。然而，当埃德萨和其他土地被异教徒占据时[1144 年]，他们早该畏惧了，若那地方的人就此悔过，以他们的顺服来安抚被他们的搪塞推诿所冒犯的上帝，未尝不是一个好的预兆。上帝之怒并非突然临到的。他延缓了报复，给了他们时间悔改，但最后，出于怜悯，他无法忘记审判，他施行报应，惩罚那犯下罪恶之人，而保全了那些将要得救之人。

对着摧毁那个国家的如此巨大的灾难，我们必须意识到，那罪不仅是当地人犯下的，亦是我们犯下的，就像所有的基督子民一样，因为国王与王公们、城市与城市间的争吵和丑闻从各处传来，都被我们听闻了。我们必须与先知一样哀悼，说“因这地上无诚实、无良善、无人认识神。但起假誓、不践前言、杀害、偷盗、奸淫、行强暴、杀人流

---

* 西拿基立(Sennacherib)，亚述帝国的皇帝(前 705—前 681 年在位)。他在位期间多次征服，摧毁了巴比伦，重建了尼尼微。

血，接连不断”[《何西阿书》4：1—2]。因此，我们担心那个国家所剩的一切也将完全毁坏，敌人的势力将对其他地方发动猛烈袭击。

每个人必须这么思考，采取行动，通过自领惩罚来改正我们的罪，我们可以通过忏悔和虔诚的事工转向我们的主上帝。想一想吧，我的孩子们，你们是如何来到这个世界的，又将如何离开，万事万物转瞬即逝，你自己的一生亦如旅人一般。善用这忏悔和做善工的机会，它与你密切相关，以恩典行事，将财产交托给它，将自己交托给它，不要被毁灭，而应皈依他，正是从他那里你才获得了自己以及所拥有的一切呀；因你并非自己所出，你的财物亦非自己所得，你甚至连一只蚊蚋也不能造在地上。我并非说你应该放弃自己拥有的仓房，只是说你们应当将它们预先敬奉给天堂，交托给主，在那里不会锈坏，不生蛀虫，亦没有贼人偷盗。所以，你所行之救赎乃是为了这样一个国家，在那里，为了我们的拯救，真理必出于地上；为了我们的缘故，必不能容忍十字绞刑架。万勿挂牵金钱与世俗的荣耀，而应专注于神的旨意，他借着自己的榜样教训我们，要为我们的兄弟牺牲性命，并将财产奉献给他，因为——无论你是否愿意——你永远无法知道最后会将这些东西托付给谁。

在这个国家，被上帝的审判所打击并非什么新鲜事，但不寻常的是鞭打和惩罚后的怜悯。单凭他的意志，主便可不施任何怜悯，但我们不能问他为什么这么做；也许他想知道，并让别人知道，是否有人明白悔改的道理，或是否有人正在寻求上帝，愿意欣然接受悔改的机会。为兄弟舍命，就可以在短时间内成全多年的事工。看哪，马加比人*对主

* 马加比人(Maccabees)，活跃于公元前2—前1世纪的一个犹太家族，带来了犹太人政治和宗教生活的恢复。

的律法充满热忱，历尽患难，要救他们的弟兄，亦要教导他人，不但舍了财物，亦舍了自己的性命，相互鼓励道，“你们应装备起来，作勇敢的士兵……因为我们在阵上，宁愿死，也不愿看见我们的民族和圣所遭遇不幸”[《马加比一书》* 3：58—59]。他们按照既定的律法行事，而你，追随的是我主的道成肉身耶稣基督，受的是真理之光的指引，在圣徒们的榜样指导下，可以无所畏惧地行动。对于那些将要蒙应许而获得和积存的万福的人来说，那福是“眼睛未曾看见，耳朵未曾听见，人心也未曾想到的”[《哥林多前书》2：9]，而对于那些害怕放弃世上不多且短暂的东西的人，使徒说道，“现在的苦楚，若比起将来要显于我们的荣耀，就不足介意了”[《罗马书》8：18]。

对于那些怀着悔悟之心和谦卑灵魂来踏上这趟旅程，并在悔罪和正确信仰中离去的人，我们许诺宽恕他们的罪行，并让他们获得永生。无论他们是幸存，抑或死亡，他们都应认识到，借着我们的权柄，借着全能者的怜悯与圣彼得、圣保罗，他们将从罪恶的惩罚中获释，因他们已恰当地悔改了。还有，那些领受了十字架的人以及他们的家人、他们的财产将受到神圣教会、大主教、主教和其他高级圣职人员的保护。除非确知他们死亡或返回的消息，否则他们在领受十字架时拥有的所有财产都不得提讼；但在此期间，他们的财产应当保持完整、没有变动。如果他们欠债，则无须被迫支付利息；他们也不应穿着贵重的衣物，带着狗或[猎]禽同去，或者带着其他除了炫耀外毫无必要用途之物。但他们应携带适当的装备和衣物，用以体现他们的忏悔之心，而非空洞的炫耀。

---

* 《马加比一书》(I Maccabees)，是一部被天主教、东正教和东方的正统派教会所认可的圣典，属于次经。在天主教思高本《圣经》中译为《玛加伯上》。此处译文即参照思高本。

文献来源：Roger of Howden, *Gesta regis Henrici Secundi: The Chronicle of the Reigns of Henry II and Richard I*, ed. William Stubbs, 2 vols., RS 49 (London, 1867), vol. 2, pp. 15 - 19。

文献六　阿尔比十字军：贝济耶大屠杀，1209 年 7 月 22 日，根据海斯特巴赫的凯撒留乌斯的记载

这份记载并非来自同时代的作者，而是写于 1219—1223 年之间，比大屠杀事件的发生晚了至少 10 年。它被收录于此，原因在于它是最早描述教皇特使阿诺·阿马里克要求十字军杀死所有被包围者的大屠杀记录，特使认为“上帝自会分辨哪些是祂的人”。早先的围城文献都称，十字军领袖并没有下令进行屠杀。然而，亦有争议称领袖因屠杀而愉悦。⑧

海斯特巴赫的凯撒留乌斯(Caesarius of Heisterbach)是一名熙笃会修士，也是第五次十字军东征的随军传教士之一。虽然他关于“对话”的作品展示出他大体上是一位仁爱而善良的人，但这篇文献却表明了他对异端的憎恨和恐惧。他在书中采取了一名经验丰富的修道士与一名正在学习基督教精神的初学者对话的形式。

关于阿尔比异端

修道士：在教皇英诺森，也即霍诺留[三世]的前任的时代，当时敌对的两位罗马人的国王[神圣罗马帝国的皇帝候选人]——[施瓦本的]菲利普和[布伦瑞克的]奥托——之间的争端还未解决，在邪恶

意志的驱使下，阿尔比异端开始涌现——或者更准确地说，开始全面发展。他们是如此强大，如同人们所有的信仰麦子都变作了谬误的稗子[见《马太福音》13：24—30]。我们修会的修道院院长和一些主教被遣去用大公教会的布道来铲除杂草。但播撒杂草的人类之敌与他们作对，所以事业没有什么进展。

初学者：他们的谬误是什么呢？

修道士：这个异端教派的领导者从摩尼教中汲取了一些观点，还有一些教义则来自奥利金*所著的《论首要原理》中的谬误，又加入了许多他们自己凭空想象的内容。他们追随摩尼，坚信以下两个原则，即世上存在一个善神和一个恶神，那个恶神，也就是魔鬼。他们认为恶神造就了所有身体，而善神则塑造了所有灵魂。

初学者：摩西证实了身体和灵魂都是上帝所造，他说，"上帝用地上的尘土造人"，说的是创造了身体，"将生气吹在他的鼻孔里"，就是创造了灵魂。[《创世记》2：7]

修道士：如果他们接受了摩西和先知们的观点，就不会变成异端了。他们否认人的身体会在末日复活；嘲笑活着时能做出对死后有益的事这种说法；宣称上教堂或在教堂里祈祷没有任何益处。在这些方面，他们比犹太人和异教徒更坏，因为即便连犹太人和异教徒都相信这些。他们摈弃了洗礼，亵渎了基督的圣体和圣血。

初学者：如果他们不指望在将来得到任何回报，为何能忍受如此多的伤害呢？

修道士：他们宣称，他们希望灵魂获得荣耀。一个修道士在为

---

* 奥利金（Origen，184/185—253/254），又译"俄利根"。希腊学者，早期基督教神学家。

之前提到的那些修道院院长之一服务的时候看到一位骑士骑在马上与农夫交谈。修道士认为他是一个异端(他确实是),于是急忙上前问道:“请告诉我,善人,这是谁的田地?”当对方回答“是我的田地”时,修道士又问:“那你会用庄稼做什么呢?”“它能养活我和家人,”他说,“我还会分一些给穷人。”修道士问:“你希望从善行中获得什么益处呢?”骑士这么回答道:“使我的灵魂在我死后获得荣耀。”修道士又问:“去往哪里获得?”骑士说:“那得看它的功业。如果它过得好,在上帝的眼中尽了本分,那么当它离开我的身体后,将会进入某些未来王公、国王或显赫人物的身体里,过上愉悦的生活;但如果它过得不好,它就会进入不幸而贫穷的身体,在里面受苦。”那个愚人就像其他阿尔比派一样,相信灵魂会根据它应受的命运在不同的身体中旅行,甚至包括动物和爬虫的身体。

初学者:多么可怕的异端啊!

修道士:后来阿尔比派的谬误竟然强大到在很短的时间里感染了上千座城市,如果没有用信仰之剑来制止,我想它一定会败坏整个欧洲。在我主诞生后的公元1210年,针对阿尔比派的[十字军的]十字布道传遍了整个德国和法国,第二年,奥地利公爵利奥波德、科隆(Cologne)的修道院院长(后来的大主教)恩格尔伯特(Engelbert),以及他的兄弟阿尔滕贝格伯爵阿道夫(Count Adolf of Altenberg)、于利希伯爵威廉(Count William of Jülich),以及许多不同身份和地位的骑士出发去攻打他们。在法兰西、诺曼底和普瓦图也一样。所有事务的领导者是熙笃会的修道院院长阿诺,后来他成了纳博讷的大主教。

他们抵达并包围了一座名为贝济耶的大城,据说那里有10多万人口。就在他们眼前,那些异端在福音书上撒尿,然后从墙头上掷到他们面前，再从城后射出箭矢，叫嚣："这就是你们的律法，你们这些可怜人！"但基督——福音书的创造者——没有容忍对他的侮辱。一些战士对信仰充满着激情。他们就像雄狮一般，效法我们在《马加比书》里读到的那些榜样，将云梯靠上城墙，勇敢地爬了上去。拜神力所赐，异端们恐惧起来，一哄而散。战士们为同伴们打开了城门，攻占了这座城市。

据说他们意识到在被俘获的人中，大公基督徒和异端信徒混在了一起，于是就对修道院院长说道："我们应该怎么做呢？我们无法将好人和坏人区分开。"据说，修道院院长与众人担心异端们会假装成大公基督徒来逃避即将降临的死亡，当大军离开，他们又会和从前一样没有信仰，于是院长回答道："杀死他们。因为我主自会知道哪些是祂的人。"所以那座城里有不计其数的人被杀了。

同样地，在神的帮助下，他们占领了一座名为"博瓦尔"(Beauval)的大型城市，⑨该城就在图卢兹附近。当他们查问这个城里的人时，尽管大多数人都希望重新皈依大公教会的信仰，但依然有450人顽固地拒绝了，是魔鬼让他们变得这么固执的。于是他们中的400人被烧死，剩余的则被吊死。

在其他城市和城堡也发生了同样的事。那些可怜人乃是自寻死路。图卢兹人被围困后承诺各种补偿，但——后来发现——这些承诺只是欺诈。奸诈的圣吉尔伯爵，也就是异端的王公领袖在[1215年]拉特兰[第四次]大公会议上放弃了他的全部财产——比如他的封地和自主地[自由保有的财产]、城市和城堡，其中大部分转由信奉大公教会的西蒙·德·蒙特福特伯爵以战争权接收——但他自己保留了图卢兹，直到今天依然每日不停地骚扰和攻击当地那些信仰大公教会的人。

文献来源：*Caesarii Heisterbacensis monachi ordinis Cisterciensis Dialogus miraculorum*, ed. Joseph Strange, vol. 1 (Cologne, Bonn and Brussels: H. Lempertz, 1851), dist. 5, ch. 21, pp. 300 - 303。

文献七　霍亨斯陶芬王朝腓特烈二世的十字军之旅，1228—1229

腓特烈二世的十字军东征可以称得是上一场巨大的成功；通过与开罗苏丹卡米尔（1218—1238 年在位）结盟，他将耶路撒冷城重新纳入了基督教世界——但不包括圣殿山，也无权修补加固城市的防御工事。然而，卡米尔只控制着巴勒斯坦的部分地区，对耶路撒冷实际上没有合法管辖权。从法律上看，他们签订的条约所覆盖的区域应属于大马士革王公纳赛尔·达乌德（al-Nāṣir Dā'ūd）。由于条约不允许重新对耶路撒冷设防，因此一旦腓特烈离开王国，纳赛尔就有可能发起攻击。

更重要的是，耶路撒冷的一些基督教遗址落到了穆斯林手中，比如附属于耶和华神庙的奥古斯丁的修道院（也就是圆顶清真寺）和所罗门神庙（之前圣殿骑士团的总部，也就是阿克萨清真寺）。教皇格列高利九世在惩罚腓特烈二世时将其逐出了教会，这让事情变得更加复杂，如此一来，任何基督徒都不应与他往来（见腓特烈的"人物传略"）。

与此同时，腓特烈亲自统治耶路撒冷王国的意图非常明显——他迎娶了王国的女继承人，耶路撒冷的伊莎贝拉二世。但是，在腓特烈来到东方之前，她已经死于产后，所以腓特烈不是耶路撒冷的国王——只是幼儿康拉德的摄政者。腓特烈还声称，由于西方的皇帝也是塞浦路斯王国的领主，因此他也应该是塞浦路斯的摄政者，其时，塞浦路斯的国王亨利还未成年(1228年时他年仅11岁)。但根据塞浦路斯的法律，亨利的母亲爱丽丝(Alice)才是摄政者，而且当地的贵族也不希望腓特烈摄政。总之，十字军东征期间，东方的政治局势十分混乱。这些情况在这封耶路撒冷宗主教的信中非常明显地体现了出来。耶路撒冷宗主教是耶路撒冷王国内拉丁教会的领袖。信中提到的“朝圣者”指的可能是武装的十字军战士。

杰拉尔德(Gerald)，耶路撒冷宗主教，致所有基督徒，主内平安。皇帝在大海这一边的进展情况从一开始就显得多么不可思议呀——不，应该是多么让人痛苦呀，它对耶稣基督的事务造成了严重损害，而且十分藐视基督教信仰！你可以认识到，他所做的一切事情，从脚底板到天灵盖，都毫无理智可言。作为一个被逐出教门的人，他来到这里时仅带了240名骑士，而且身无分文，指望通过掠夺叙利亚的土地来养活自己。他首先抵达塞浦路斯，抓住了伊贝林的约翰父子，他们是被皇帝召集来讨论圣地事务的——这一行径非常无礼，他竟然在邀请他们赴宴的时候做出了这一举动。之后，皇帝召见了国王[亨利]，并让他像囚徒一样控制着他。他就是通过此种暴力和背信的方法占领了整个王国。

事毕，他前往叙利亚。尽管他一开始许诺要成大事，并天真地夸下海口，但这仅仅是说说而已，因为他很快就派使者联系了巴比伦苏丹[开罗的卡米尔等]要求停战。出于这个原因，他被苏丹和异教徒们所鄙视，特别是他们认识到他没有足够的武装力量来造成什么危害。与此同时，他率领基督徒军队前往雅法[特拉维夫]，借口是去加强当地的防守，这样一来，他与苏丹就更近了，以便与苏丹议和或休战。我还能说什么呢？经过长时间的谈判，在没有向这个国家的任何人征求意见的情况下，某日他突然宣布与苏丹和解了。当皇帝宣誓遵守那些条款时，根本没人见过那份条约。然而，从我们寄给你的副本中，你可以清楚地看到该休战条款中的恶意和欺诈交易。皇帝希望获得一些保证，以此来扩大自己的权威，而他获得的保证是从苏丹那里来的。除了这些条款外，其中还提出了将圣城归还给他。

基督徒军队是在唱“我的眼睛”(Oculi Mei)的那个星期天[1229年3月17日]前夜出发的。之后的那个礼拜日，一切都显得混乱不堪，尽管他已经被逐出教会，但他依然头戴冠冕，公然地侵犯了帝国的荣誉和声望。⑩撒拉逊人掌握着耶和华的神庙和所罗门的神庙，像以前一样公开宣读着穆罕默德的律法，给朝圣者带来了巨大的困惑和悲伤。尽管这位皇帝已经多次承诺要加强防御工事，但在接下来的星期一，他依然在黎明时分离开了这座城市，没有向任何人告别。在场的圣殿骑士团和医院骑士团的兄弟们严肃地坚持进言，如果他真像承诺的那样想要保卫这座城市，他们会尽其所能地为他提供建议和帮助。但他认为这项条约不甚稳固，而且这座城市在交还[给基督徒]后不能由基督徒来控制和防御，所以根本不关心防御工事的修葺，只满足于归还城市的纸面承诺[而非实际行动]。在同一天，他与其内廷赶回雅法。那些与他一起进入耶路撒冷的朝圣者，看到这般光景，也不愿留在这座城市。

下一个礼拜日，当“啊，耶路撒冷”(Laetare Jerusalem)的歌声响起时[3月25日]，他已经抵达阿卡。他将城里人招呼到面前，给了他们自由的特权[公民权]，将之作为取悦大众的手段。至于他这么做的原因，上帝当然知晓，他之后的行为也将目的昭示了出来。

随着启航的时间越来越近，参拜过圣墓、完成了朝圣之旅的朝圣者们，无论身份地位高低，都聚拢起来，他们准备要回家了。鉴于我们未能与大马士革的苏丹达成休战，而且耶路撒冷王国如今的状况是如此贫瘠，所以朝圣者们都将它放弃了，我们召集了紧急会议，决定从法兰西国王的捐献金[11]中拨出资金来雇用骑士，维护共同的利益。皇帝听到了这个消息，他告诉我们他很惊讶，因为他已经和埃及的苏丹签订了休战协议。我们答复称，烙铁还在伤口上[12]，因为并未与大马士革的苏丹达成休战或和平协议，他是埃及苏丹的侄儿，双方是敌对关系；我们还告诉他，大马士革可能会违反埃及苏丹的意志，对我们造成巨大的伤害。皇帝回答说，他是耶路撒冷的国王，没有他的建议和允许，就不能雇用骑士在他的王国内征战。我们回答说，我们对这个消息表示遗憾，我们在这项事务和其他类似事务上不能等待他的建议，否则就会对我们的灵魂有害，因为他是教外之人。皇帝没有对此进行答复。

第二天，他发表了公开声明，让那些住在城里的朝圣者到城外的沙地集合；高级神职人员和宗教人士也都由特使传唤而来。他自己站在人们中间，一开始就对我们满腹愤懑，提出一连串虚假的指控。接着，他将话锋指向了那位德高望重的人物——圣殿骑士团的团长[蒙泰居的皮埃尔（Peter of Montaigu）]，试图用各种妄词来诋毁他的名誉。他打算用这种方式将自己明显的错误转嫁到别人身上。最后他补充道，现在我们要招募雇佣兵的行为是对他的诋毁和伤害，出于此，他将从今天起禁止任何国家的朝圣者骑士（如果他们热爱他）留在这个国家。他任命[阿切拉（Acerra）的]托马斯伯爵作为他在这个国家的代表，来惩罚在这个国家里能找到的所有朝圣者，而这个人的惩罚手段就能吓走许多人。说完这番话，他就离开了，对他下作地散布的那些诽谤，不允许任何辩护和反驳。他当即决定派弓箭手守在城门上，命令他们不让圣殿骑士团的兄弟们出入。他命令在城里的教堂和其他高层建筑上安装十字弓，特别是在那些通往我们和圣殿骑士的处所的地点。你应当了解，他从未对撒拉逊人如此严厉和有威胁，也从未如此坚决地针对他们。

虑及皇帝的恶意如此明显，我们决定将高级教士和朝圣者召集起来，并将所有为皇帝提供建议或帮助，反对教会、圣殿骑士兄弟会和其他国家的宗教或朝圣团体的人逐出教会。皇帝闻讯勃然大怒，下令严密把守每个入口，禁止任何携带食物的人靠近我们或我们的同道者。他在各个地方安排了弩手和弓箭手，对我们、圣殿骑士团的兄弟，以及朝圣者发起猛烈的攻击。为了达成狡诈的图谋，他还在棕枝主日[4 月 8 日]抓捕了聚集在一起的宣道兄弟会修士和小兄弟会修士[多明我会修士和方济各会修士]，他们在固定的地点宣讲主的话语，却被他的士兵从讲坛上扯下来，推倒在地上，拖了出去，他们在城里像罪犯一样挨打。

接下来，当他发现无法通过围困来获得自己想要的东西时，就开始谋求和平的方式。对此，我们的答复是，如果卫队、弩手和其他武装人员没有撤离，并且没有归还我们的财产，我们不会进行和平谈判，让一切回到他刚入城时的自由状态。他立即下令，按我们的要求去办，但命令没有起效，所以我们将这座城市封锁了[关闭了城内所有的教会服务]。看到自己的险恶用心没能得逞，皇帝便不愿再待在这个国家了。

然而，他好像想要毁掉一切，竟然秘密地将为了保卫国家而储存已久的弓弩和武器运上了船；他还将许多物资送给了埃及苏丹，就像亲密的好友那样。他还派骑士前往塞浦路斯，从当地居民那里勒索了不少钱财。更让我们惊讶的是，他摧毁了无法带走的桨帆船。我们听说此事，决定要斥责他。但是，他对斥责和指正根本不屑一顾，在圣腓力和圣雅各日［5 月 1 日］这天从秘密的道路和港口偷偷登上舰船，赶往塞浦路斯。他没有向任何人道别，遗弃了雅法，也许再也不会回来了！

之前说到的苏丹的代表们已经把贫穷基督徒和叙利亚人挡在了城墙外，因此许多人再也无法前往朝圣。皇帝在圣地所犯诸事，于他的灵魂乃是亏欠的，还有许多世人知悉的事情，我们留待他人来讲。愿仁慈的主在合意时驱使他们。以此作别。

文献来源：Matthew Paris，*Chronica majora*，ed. Henry Richards Luard，Rolls Series 57，7 vols.（London：Longman，1872－1883），vol. 3，pp. 179－184。

文献八　阿拉贡国王海梅一世计划对巴伦西亚的伊斯兰王国发动攻击：1233

阿拉贡国王海梅一世（1213—1276 年在位）首先征服了巴利阿里群岛，之后又从穆斯林统治者手中夺取了巴伦西亚王国。在自传的摘录中，他记录了最初是如何决定入侵巴伦西亚王国的。这场入侵始于 1233 年。至 1238 年，海梅攻占了巴伦西亚城。请注意，陈述者反复提到上帝支持着国王，以及远征计划是上帝的意志。海梅用的是他的母语，写作风格颇为口语化。

身处自己的阿拉贡王国，我放松又愉悦。我在阿尔卡尼斯（Alcaniz），陪伴我的是［阿拉贡］医院骑士团团长和阿拉贡的布拉索科大人（Lord Blasco d'Alagón）。他们在露台上陪着我。当我们正放松地交谈时，医院骑士团团长，福卡尔基耶的于格爵士(Sir Hugh de Forcalquier)开口说："我的大人，既然上帝在您攻克马略卡岛(Majorca)和其他岛屿的过程中做了那么好的引导，那么您为何不同我们一起在大海这一边的巴伦西亚王国也建功立业呢？长期以来，它都无视您的血统；长期以来，都有人想占据它的领土但又不可得。上帝助我，考虑一下这个建议，因为我们与您同在：布拉索科大人比世界上任何一个人都更了解这个国家，他可以告诉我们，您该从哪个地方进攻来夺取它。"

阿拉贡的布拉索科回答道："我的国王，我定当知无不言，且竭尽全力；只要您希望我开口，我的主人，我必如实相告。"因此我便请他说出我们该从哪里进攻巴伦西亚。

布拉索科大人转向我说："我的大人，医院骑士团团长所言非虚。因上帝允您向海外征服，您如今应当去征服您王国的大门。它是这个世界上最好和最美丽的国度。我从未见过像巴伦西亚城和整个王国一样美丽的地方。这个王国的旅程会耗时 7 天。如果上帝希望您征服它，而您也有此意愿，那么您就能够征服当世最美丽的地方，拥有当世最坚固的城堡。

"我来告诉您我的想法。如果我建议您去围攻坚固的城堡，那肯定不是一条好计策。因为那里有四五十座精良的城堡，在他们的粮草耗光以前，您和您的军队绝无可能拿下它们。根据我的知识和理解，我建议您前往布里亚纳(Borriana)，因为它位于一处平地，而且距离您的领土亦不远，您可以从海陆两路抵达那里，比起那些位于内陆的城，它的位置更佳。相信上帝，您应当能在一个月内攻占它，之后就能在当地获得许多补给。据我所知，这是您征服巴伦西亚王国之旅最佳的开端。"

医院骑士团团长说:"我的大人,布拉索科大人说的全部属实:世界上再也没有比这里更适合攻占的地方了。每一个去过巴伦西亚的人都会这么认为,世间大众的看法亦如是。"

我说道:"我听到了你和布拉索科大人的建议,相信此言良善且忠心。既然你们意见一致,以上帝的名义,让你们给我的建议成为上上之计吧。让我来告诉你们一些上帝的指示。米诺卡(Minorca)投降时,我正在马略卡岛的佩拉角(Cap de Pera);当时陪着我的是桑提·德霍塔大人(Lord Sanç d'Horta),他的兄弟加西亚·德霍塔大人(Lord García d'Horta),以及曾作为我的信使前往哈蒂瓦修道院(àlcaid of Xàtiva)的佩罗·略皮斯·德·波马(Pero Llopis de Pomar),我们将马略卡大大赞美了一番。然而,就在我们齐声称赞时,桑提·德霍塔大人说:'我的大人,您可以花一整天来称赞马略卡和马略卡王国,但请去征服巴伦西亚和它的王国吧,因为这里的一切都没法与它相提并论。您会发现在巴伦西亚有五千至六千名弩手和不计其数的其他士兵对您发动攻击,您根本无法与其城镇的军队交战,就是因为那些弩手和军队的实力强大。如果能拿下城镇,您才能说您是当世最英武的国王,因为您能办到如此了不起的事情。'"

文献来源:Jaume I, *Crònica llibre dels feits*, ed. Ferran Soldevila (Barcelona: Edicions 62, 1982), chs. 127-129, pp. 157-159。[13]

文献九　普鲁士十字军,1260—1261

根据编年史开头的题献信,作者彼得·冯·杜斯伯格是一名教士，也是条顿骑士团的成员。他的这部编年史始于1190年骑士团成立，结束于1330年。其中，他描述了与条顿骑士团签订条约并皈依基督教的普鲁士贵族背弃盟约、重新兵戎相见的经过。这已经是第二次发生这种事了。骑士团称这种叛乱为“叛教”——意指背弃了基督教信仰。实际上，叛乱的真实原因是，相比起骑士团所允许的，普鲁士人想要更多的权利和独立性。

第三卷，第89章，普鲁士人的第二次叛教，历时15年

在同一年[1260]，在蒙福的使徒和福音作者马太纪念日前夜[9月20日]，趁着[条顿骑士团的]成员、护卫，以及战马、武器等战备物资因战争出现短缺，普鲁士人火上浇油地第二次背弃了信仰和诚信，回归了当初的谬误。他们从军队中选出了几个人来担任队长和领袖，分别是来自萨姆兰(Samland)的格兰德(Glande)，纳坦吉亚人(Natanger people)亨利·蒙特(Henry Monte)，来自瓦尔米亚[Warmia，德语作“Ermland”]的格拉波(Glappus)，以及波格萨尼亚人(Pogesanier people)奥特姆(Auttume)和巴尔蒂亚人(Barth people)迪瓦努斯(Diwanus)。[14]

第90章：基督徒血流成河

这些队长和领袖们决定在某一天集结起来，秣马厉兵，杀死每一个自称信仰基督教的人，直到将他们全部消灭。他们就是这么做的，所有在普鲁士范围内的堡垒外能找到的基督徒，要么被他们碎尸万段，要么被当成囚徒一般永久奴役。他们焚烧了教堂、礼拜堂和上帝的圣堂，毫不留情地亵渎了教会的圣礼，将神圣的法衣和法器弃如敝

屣，还将教会内的神父和其他神职人员都千刀万剐了。他们抓住了一位自萨姆兰来的人，他是原本派来给他们施洗的条顿骑士团的教士，他们用两片木板夹住他的脖子，就这么把他折磨至倒地咽气。他们宣称，此种殉道方式与圣人相符，他们可不敢让圣人流血。

第 91 章：柯尼斯堡冲突，许多基督徒被杀害

在我主诞生后的公元 1261 年，有关这场迫害的流言蜚语震慑了整个德国的王公贵族。雷克尔的领主和许多来自德国其他地区的贵族，对这种信仰和忠诚怀着同情，对教会在普鲁士地区新近拓居地——那是许多忠实信徒流血建立起来的——如此悲惨地消亡感到遗憾，他们来到这里提供帮助。同他们一起，骑士团的成员与他们的护卫攻入了纳坦吉亚，用战火与劫掠摧毁了它，俘获和杀死了许多叛军。之后，他们回到勃兰登堡的城堡如今的所在地，扎下营来。

骑士团的成员与朝圣者[也就是十字军战士]决定派一支分队返回，再次进行破坏，而剩下的则留在原地。纳坦吉亚人预料到了，因为他们人数较少，于是没有掠夺土地，而是集中兵力攻击留在柯尼斯堡(Pokarben)的军队。朝圣者和骑士团奋勇地进行了反击，特别是一位来自威斯特伐利亚的名为申克尔·冯·本特海姆(Stenckel von Bentheim)的骑士，他曾听某位主教布道，得知一位在普鲁士被杀的虔诚基督徒的灵魂飞上了天堂，没有在炼狱中遭受折磨。他用马刺激励着胯下的战马，以骑士之姿举着长枪冲进了敌军阵中，左冲右突，杀死那些没有信仰之徒，逼着他们四处躲避。不幸的是，当他从阵中返回时被人杀害了，他们之间爆发了一场恶战，双方都有许多死伤。最终，如上帝所愿，战斗结束了。雷克尔的领主本人在此战中殒命，他的大部分军队和跟随前来的骑士团成员也被杀害。一些人被

俘虏,剩下的则转身逃跑了。

事情发生时,另一支部队的骑士团成员赶了回来,却发现基督徒军队已经溃败,敌众我寡的情况下无法再施援救。于是,他们沿另一条路线返回了营地。

屠杀之后,纳坦吉亚人要给他们的神祇献上祭品,就在德国俘虏中抽签,两次都抽中了一位名叫赫茨哈尔斯(Hirtzhals)的马格德堡(Magdeburg)的高贵而富有的市民。在困境之中,他请亨利·蒙特[纳坦吉亚人的领袖]念及他在马格德堡经常为其带来的好处,将他从痛苦中解救出来。但第三次抽签又抽中了他,于是他不再希望被解救,而是自愿在美好的忏悔中像献祭上帝一样献出了自己。他被绑在自己的马背上烧死了。请注意,亨利和许多其他人都发誓,当这位马背上的人弃绝肉身之时,一只纯白的鸽子从他的口中飞了出来。

第 92 章:这次战役的预言

在德国地区,有一个过着圣洁生活的隐居女性。她听见一群恶魔从斗室前经过,发出巨大的撞击和喧嚷之声。她叫住他们,问他们要去哪里。“去普鲁士,”他们说,“明天在那里将有一场大战。”“你们回来后,”她说,“和我说说发生了什么。”当他们回来以后,说基督徒战败了,战场上每一个牺牲者的灵魂都获得了救赎,除了三个不为信仰、只为单纯参加军事行动而战的人。

文献来源:Peter von Dusburg, *Chronik des Preussenlandes: Petri de Dusburg Chronica terre Prussie*, text of Max Toeppen, ed. Klaus Scholz and Dieter Wojtecki (Darmstadt: Wissenschaftliche Buchgesellschaft, 1984), bk. 3, chs. 89–92, pp. 210–214。

文献十　道格拉斯参加十字军，1329

与所发生的这些事件处于同一年代的作者吉恩·勒贝尔(Jean le Bel)告诉我们，1329 年苏格兰国王罗伯特·布鲁斯(Robert Bruce，即罗伯特一世)在临终之时请求他的朋友，也就是贵族詹姆斯·道格拉斯(James Douglas)在他死后把他的心脏带到圣地。这个故事得到了英格兰官方记录的支持，该记录显示，1329 年 9 月 1 日，英格兰国王爱德华三世赐予詹姆斯·道格拉斯安全通行证，让他带着最近去世的苏格兰国王罗伯特·布鲁斯的心脏前往东方参加十字军远征。爱德华还写信给卡斯提尔国王阿方索十一世，向他介绍了道格拉斯，请求他允许道格拉斯不受侵扰地通过他的领土。吉恩夸大了道格拉斯身上的鲁莽——他视之为苏格兰人的典型性格。他的叙述阐明了十字军运动对 14 世纪西欧贵族的重要性。吉恩将道格拉斯称为“威廉”。事实上，他的后人的名字才叫作威廉；而著名的十字军勇士的名字是詹姆斯。

那个时候，[与英格兰人的]休战协议仍然奏效，曾经年富力强的苏格兰国王罗伯特[布鲁斯]已经垂垂老矣，身染重疾，人们传说他就要离世了。当他看到自己将不久于人世，就将王国里最信任的贵族都召集过来，告诉他们，正如他们已经看到的那样，自己马上要去世了。他诚挚地恳求他们，并委托给他们一项任务，要他们用良善的话语保证，忠诚地为他的子嗣戴维(David)保卫好这个国家。戴维成年以后，他们会服从于他，并为他迎娶一位身份相称的配偶。事毕，他又召来了高贵的骑士威廉[詹姆斯]，在众人面前对他说："我的骑士和朋友，你知道我这辈子所行甚多，为了维护王国的权利亦承受了诸多痛苦。我曾发过一个誓言，但因为事务繁忙而一直没能兑现，这个誓言一直困扰着我：我曾发誓，如果能赢得战争，建立治世，我必尽我所能，向海外那些我主的敌人和对抗基督教信仰的人发动战争。我的内心一直向往着，但我主并未垂允。一生之中，祂赐我诸多事务，到了最后又降给我这虚弱与重疾，让我必须如你们所见这般死去。由于我已无法行走，更无力随心而为，我想让我的心脏代替我的躯体，代替我自己和我的意愿，完成那个誓言。在我的王国里，没人比你更勇敢，也没人比你更适合代替我实现这个誓言，我希望，我恳求，你，我的骑士，我的挚友，如我一般力尽所能，出于对我的爱踏上这趟旅程，在我主的注视下赎清我的灵魂……"

第 16 章：威廉・道格拉斯爵士是如何离开苏格兰开始他的旅程的

春天来时，对于那些意欲穿越公海的人而言，就到了旅行的好季节。高贵的骑士威廉[詹姆斯]・道格拉斯已经为完成他的任务做好了万全的准备，他乘着船，从苏格兰前往佛兰德斯。他径直前往斯勒伊斯(Sluis)，打听在海峡的这一边是否有人准备去耶路撒冷圣地，以便有更好的同伴。他在斯勒伊斯待了足足 12 天，可是在这期间，他连一只脚都没有踏上岸，他宁可待在他的船上。他总是伴着号角声和鼓声体面地主持着宫廷，就像他是苏格兰国王一样。有一名方旗骑士*陪

* 方旗骑士(knight banneret)，是中世纪时的一类骑士，他们在战争期间以自己的旗帜率领军队。其地位高于一般的骑士。

伴着他，还有6名国家中最勇敢的战士伴随左右，加上20位优秀的侍从，他们年轻俊美，是他在本国挑中的最合适的人选，除此之外再没有别的随从了。他备下许多银制的碟、壶、盆、盘，以及用来豪饮的杯、瓶、盆、桶和其他物品。凡是到他那里去的人，只要称得上身份，都会被款以两种酒和两种香料。

最后，等停够了时间，他听说西班牙国王[卡斯提尔的阿方索十一世]正在与格拉纳达的撒拉逊[15]国王[穆罕默德四世]开战。他决定去那里，以便充分利用这趟旅途，当他做完这件事，就可以继续前行来完成他的使命了。所以，他离开斯勒伊斯，前往西班牙。他首先抵达瓦伦西亚港口，接着前往拜会正率军与格拉纳达国王作战的西班牙国王，在各自的边界上，这两位国王短兵相接。

在威廉[詹姆斯]·道格拉斯爵士抵达该地之后的某天，西班牙国王在战场上与敌人交战。另一边，格拉纳达国王也露面了，如此一来，两位国王都看见了对方阵中的王旗飘扬，便开始面对着面，排起阵列来。威廉爵士退到侧翼，以便更好地实现目标，并显示他的勇武。他看到阵列已经摆好，国王的阵列稍稍一动，他心想一定是要发动攻击了。他，宁愿争先，也不愿落在后面，便带着他的全体部下驱马朝格拉纳达国王的阵中冲去，他相信国王和整条阵列都会随他向前冲去。但他大错特错，因为那天西班牙军队根本没有移动；相反，威廉[詹姆士]爵士和他的部下被敌人包围，没有一个人能逃脱。他们都被杀了，这对西班牙人来说是巨大的损失和遗憾。

文献来源：*Chronique de Jean le Bel*, ed. Jules Viard and *Eugène Déprez* (Paris: Renouard, 1904; reprinted, Paris: Honoré Champion, 1977), vol. 1, pp. 83 - 84, 86 - 88。

文献十一　对抗胡斯派的第二次十字军远征，1421年9月

第二次针对胡斯派的十字军从波西米亚北部发动进攻，包围了扎泰茨。三周后，杰式卡率军前来营救。听到杰式卡赶来的消息，十字军纷纷遁逃。胡斯派追了上去，消灭了许多敌人。这份记录出自一位捷克作家，其中包含了对十字军特赦的描述。作者强调了十字军的残忍，并指出他们对捷克人如此野蛮就是为了证明他们基督徒的虔诚。同时，作者认为捷克人在上帝的帮助下打败了十字军。被俘的捷克人被当作异端烧死了。文中的“布拉格人”指的是布拉格的胡斯派成员，而“德意志人”指的是十字军。

为了让本书的读者清楚地了解事件，本文对译文做了一些补充；这些补充在花括号内。

圣母诞生日的第二天，霍穆托夫（Chomútov）和卡丹（kadaň）这两座城市[{先被十字军占领，}后十字军被驱逐]由布拉格人占领。他们发现，已经占领该地区的米斯尼安（Misnian）和德意志的军队指挥官们，甚至没等布拉格人现身就毁坏了部分城墙。十字军之所以这么做是为了他们自己所遭受的损失，也是为了羞辱布拉格人，他们还烧毁了一些房屋，之后就往扎泰茨而去。在前面提到的迈森（Meiβen）的德意志人伙同一些同情他们的捷克人，在占领霍穆托夫和卡丹之后，包围了科尔多夫（Koldov）领主在比利纳镇（Bílina）的堡垒。他们摧毁了周围的堡垒和村庄，农民与妇女都无一幸免，还有许多孕妇被残忍杀害了。布拉格人听闻这些暴行，在9月13日，也就

是举起十字架前的星期六，两支部队的士兵与一大批民兵步行离开布拉格，誓把德意志人赶出去。德意志人听说布拉格人即将到来，就放弃了对比利纳要塞的围攻。同样，在布拉格的市民到来之前，杰钦(Děčín)[和瓦滕伯克(Vartenberk)]的西吉斯蒙德与他的盟友一起，放弃了对利托梅日采(Litoměřice)的“圣杯”(Chalice)堡垒的围攻。[16]

与此同时，大批德意志人，连同神圣罗马帝国的选帝侯们，从切布(Cheb)通往扎泰茨的路线侵入了波西米亚。他们驱逐了在斯兰尼(Slaný)等候的布拉格人，将他们赶往联军的贵族那里。杰式卡和其他他泊派众得到消息称，他们应该率领尽可能多的军队向斯兰尼进发，对德意志人发起进攻，驱逐他们。因为有传言说，帝国的选帝侯连同教会和世俗领主，以及巴伐利亚和莱茵兰的选帝侯、公爵、伯爵、男爵和骑士，与数量更多的其他武装人员一起，开启了一场教会的十字军运动，他们秘密地潜入了波西米亚王国。当他们到达捷克边境时，为了让上帝能够在击败波西米亚异端的事业上给予他们胜利，主教们纷纷下马以示谦卑，之后步行着穿过[边境]，不过这样的做法全属谬误。备受尊敬的主教们簇拥着的有以下几位：美因茨大主教约翰内斯(Johannes)、科隆大主教、特里尔大主教、克莱姆(Klem)之子、路德维希公爵、拿骚伯爵(the count of Nassan)，以及其他许多我们不认识的人。

包围扎泰茨后，他们在圣马提亚日之前的星期五曾六次尝试袭击城镇。然而，守军重创了他们，并在上帝恩典的帮助下将其击退。根据镇上居民的报告，大约杀死了 60 名敌军，还有许多伤员被敌人救走。至少有 60 名敌军俘虏被带进了城里。当时涌进城镇里的有 6 500 多人的这支庞大队伍，代表着暴虐的德意志人。其中有 5 000 多名徒步武士，以及 400 名骑兵。还有很多参加德意志军队的人是从基督教世界的其他地方赶来的，他们来自遥远的地方，说着不同的语言。他们来到这里，是为了参加这场由教皇发动和广布的据称可以免除所有罪与恶的宽恕行动。甚至连之前曾见识过[十字军]军队的人都声称从未见过如此浩大、精良的队伍，以及数量如此多的帐篷聚集在一起。根据大家都认同的看法，这里大概聚集了 20 万名战士。他们日复一日地烧毁乡村、城镇和城堡，渴望得到[前面提到的教皇的]特赦，他们甚至比异教徒更残忍，男女老幼都被他们杀死焚烧了。扎泰茨地区的人们陷入了惶恐战栗之中。因此，有些人丢下堡垒，逃进城内。而到了那里，他们中的一部分人和其他人一样都被无情地烧死了。

为了保持战力和维护荣誉，他们{十字军}向国王西吉斯蒙德派了一支特遣队，敦促他按照康士坦斯大公会议时的誓言，率领尽可能大规模的军队去镇压异端。选帝侯们威胁道，如果他不这么做，他们就要指定另一位罗马人的国王{也就是，取代西吉斯蒙德}。但是匈牙利国王西吉斯蒙德离开他所在的地方率军上阵之前，我主耶稣听到了处女、孀妇和其他女性的哭泣、哀号和呼喊，上帝的愤怒和正义的复仇降临到所有敌军身上。全能的上帝以某种不可思议的方式，让那些没有人性的军队不攻自溃。10 月 2 日，地方军营里有多处帐篷着火，这纯属天意。人们能看到黄色和棕色的柱子覆盖在帐篷之上，从每个帐篷经过，无论它到哪里，都会发出一道火焰射进帐篷里。[十字军]抛下他们的财货四散而逃，其中一些人差点葬身其中。看见此情此景，大约有 1 000 名扎泰茨人冲出来追击十字军，杀死了几百人。他们还俘虏了一些侥幸没死的人，将他们关进了监狱。其后，他们带着感恩之情赞美上帝帮他们驱散了敌军和那些迫害他们信仰的人。

由 Thomas A. Fudge 翻译自"Historia Hussitica," in *Fontes rerum bohemicarum*, ed. Jaroslav Goll, vol. 5 (Prague: Nákladem nadání Františka Palackého, 1893), pp. 511－513。

版权归属：*The Crusade against Heretics in Bohemia, 1418—1437: Sources and Documents for the Hussite Crusades*, by Thomas A. Fudge, 2002, Ashgate Publishing, pp. 130－132。

文献十二　纪尧姆·科尔辛对奥斯曼土耳其人于 1480 年所进行的罗德岛大围攻的亲历叙述，约翰·凯的 1482 年译本

这个 15 世纪译本的拼写和语法已经经过了现代加工。请注意其中对伊斯兰信仰的曲解。作为这一时期大公基督徒的代表，作者认为穆斯林崇拜的是穆罕默德，他没有认识到穆罕默德实际上被尊为先知。作者描述了土耳其人使用的早期发射火石弹的大炮——射石炮。在描述中，常常说射石炮是"掷出"或"抛出"弹药，而较少使用"喷出"或"射出"这样的词汇。自从古罗马帝国以来就一直在战争中使用的传统攻城器是将石块抛出，而当火炮发生变化以后，旧的术语却一直沿用了下来。作者还在基督徒战士与古罗马士兵之间作了比较。

摘录的开篇就是土耳其军队开始对罗德岛的城镇发起大规模进攻。该城镇由希腊和西欧居民保卫，带领他们的是耶路撒冷圣约翰医院骑士团的团员，在本文中被称为"罗德岛修会的骑士"。

与此同时，土耳其军队准备好发起进攻。全军通告上宣称：伟大的土耳其[苏丹]将会把罗德岛[城镇]的所有财货都分给大家；要

把所有罗德岛的孩童都带走，让他们弃绝[基督教]信仰；10 岁至 12 岁的则要割喉处死；超过这个年龄的俘虏都应处以穿刺刑——用长木桩由下往上穿过后背直抵头部而死。出于此，进攻时应该携带 8 000 根木桩。伟大的土耳其只会因胜利和成为罗德岛的至高无上的主人而心满意足。

通告发布后不久，所有的土耳其人都开始向罗德岛进发；但在开始攻击以前，按照召唤穆罕默德前来帮忙的虚假信仰，他们要脱去衣物，在流水中清洗身体，这代表着他们洗去了罪恶。随后，他们按照各自的身份穿上衣物，揣着准备用来装填罗德岛财货的麻布袋，把用来捆绑囚犯的绳索系在腰间，因为他们期待着在神祇穆罕默德的帮助下会战无不胜地夺下罗德岛。在大战开始的前一天，他们用最大的射石炮抛出巨石来攻击城墙，砸倒了罗德岛人在破损的城墙上修补和增加的防御工事，这样他们就能在即将到来的晚上击杀城墙上的守卫。因为他们从早到晚直至第二天早晨都毫不停歇地[用射石炮]投掷巨石来发动大规模的攻击，所以，没有人能安全地站立在城墙之上，没有人能阻止城墙被毁；短短的时间内，他们就掷出了三百块巨石。

[1480 年]7 月 28 日大约上午 8 点，土耳其人停止了射石炮攻击，大批军队一起出动，翻过已经被城墙碎石填满的护城河，他们顺着工程梯和阶梯敏捷地爬上城墙，比防守的罗德岛人敏捷得多。土耳其人登上城墙后，杀死了守在那里的所有基督徒，没等罗德岛人顺着梯子爬上墙，就竖起了他们的军旗。但很快罗德岛人就准备就绪，双方都发出了可怕的大喊：罗德岛人呼喊着耶稣基督；土耳其人高叫着穆罕默德。英勇而坚定的罗德岛人借此顶住了土耳其人的巨大压力。在那里，有一位可敬的贵族——蒙特莱昂的领主(the lord of

Montelyon)，他是罗德岛之战的首领，[医院骑士团的]团长皮埃尔·德·欧比松的兄弟。[17]和他并肩作战的还有许多罗德岛修会的骑士和城里人，他们有些在战斗中身亡，还有许多身负重伤。

在进攻方这边，不同地方竖着四架巨大的攻城梯，士兵们可以上下城墙，其中一架梯子通往犹太街。就是顺着这架梯子，土耳其人爬进了城内，但很快大人就命令守军前去砍断梯子，把它拆掉。而他自己和部下从附近的另一个地方上了城墙，和基督信仰的敌人奋战，就像罗马人为皇帝效命那样勇敢，杀死了许多土耳其人，最终将他们击溃。勋爵负伤五处，其中有一处是致命伤；不过，后来在上帝的恩典，以及水蛭[医生]和外科医生的帮助下，他得以恢复。他，因为对上帝和骑士团表现出来的伟大男子气概和高贵之心，被罗德岛人称为城市和基督耶稣信仰的真正教父和捍卫者。那天，他和部下以及罗德岛的所有勇士都当之无愧地得到了极大的荣耀和赞美！

文献来源：Guillaume Caoursin，*The Siege of Rhodes*（*1482*）. Translated by John Kaye and Aesopus，*The Book of Subtyl Histories and Fables of Esope*（*1484*），Facsimile Reproductions，introduction by Douglas Gray（Delmar，NY：Scholars'Facsimiles and Reprints，1975）. No folio numbers；actually folios 19r－20r。

注释：

① 在埃及，法蒂玛王朝的哈里发和他的大臣并不知道十字军想要占领耶路撒冷。他们希望利用十字军这支军事力量，收复被塞尔柱突厥人占领的叙利亚和巴勒斯坦。耶路撒冷原先是法蒂玛的领地，20年前被塞尔柱人占领。

② 关于这场战斗的现代分析，参见 R. C. Smail，*Crusading Warfare*，

1097—1193: Second Edition with a New Bibliographical Introduction by Christopher Marshall (Cambridge and New York: Cambridge University Press, 1995), pp. 172 - 174; France, *Victory in the East*, pp. 282 - 296。

③ 这是十字军在安条克被围困时发现的枪头。关于它是否真是被发现时宣称的刺进十字架上的基督的枪头,同时代人的意见不一。

④ 这些都是拜占庭的圣徒,在十字军东征前他们在西方并不出名。参见 Christopher Walter, *The Warrior Saints in Byzantine Art and Tradition* (Aldershot, Hants., and Burlington, VT: Ashgate, 2003)。

⑤ 由 Peter Edbury 翻译,见 *The Conquest of Jerusalem and the Third Crusade: Sources in Translation* (Aldershot, Hants., and Brookfield, VT: Scolar, 1996), pp. 165 - 166。

⑥ 马塞并未翻译该文之后的部分。有一个法语译本,见 *Recueil des historiens des croisades, publié par les soins de l'Académie des inscriptions et belles-lettres. Historiens orientaux*, 5 vols. (Paris: Imprimerie nationale, 1872 - 1906; reprint, Farnborough: Gregg International, 1967), vol. 4, pp. 320 - 322。

⑦ 这个文本之后的部分描述了对围攻的安排,以及萨拉丁发表的对该城和阿克萨清真寺的赞美,马塞并未翻译。有一个法语译本,见 *Recueil des historiens des croisades, Historiens orientaux*, vol. 4, pp. 322 - 326。

⑧ Peter of les Vaux-de-Cernay, *The History of the Albigensian Crusade*, pp. 292 - 293. 这一时间是根据后来波尔图枢机主教(cardinal bishop of Porto,反阿尔比异端的教皇特使)致康拉德的信中所提及的而确定的。他在 1219 年年末至 1223 年担任这个职位: Walter L. Wakefield, *Heresy, Crusade and Inquisition in Southern France, 1100—1250* (London: Allen and Unwin, 1974), p. 199。

⑨ 也许正是拉沃尔的堡垒,参见 Wakefield, *Heresy, Crusade and Inquisition*, p. 199。

⑩ 腓特烈并未自立为帝，而是举行了正规的加冕仪式，所有人都目睹了他加冕。宗主教非常生气的原因是，按照国家的习俗，应该是宗主教亲自把王冠戴在腓特烈头上，因为这象征着腓特烈的权力来自上帝。

⑪ 法兰西国王腓力二世（逝于1223年）在遗嘱中为耶路撒冷王国留下了一笔钱。

⑫ 如果不把造成伤口的烙铁拿开，伤口是无法愈合的。换句话说，存在着一些悬而未决的问题，这意味着和平尚未板上钉钉。

⑬ 也可参见 *The Chronicle of James I, King of Aragon, Surnamed the Conqueror (Written by Himself)*, trans. John Forster, introduction and notes by Pascual de Gayangos (London: Chapman and Hall, 1883; reprint, Farnborough: Gregg International, 1968), pp. 221 - 224；以及 *The Book of Deeds of James I of Aragon: A Translation of the Medieval Catalan 'Llibre dels Fets,'* trans. Damian Smith and Helena Buffery (Aldershot, Hants., and Burlington, VT: Ashgate, 2003), pp. 137 - 139。

⑭ 这些都是普鲁士部落的名字。

⑮ “撒拉逊”这个词已经成了“穆斯林”的代称。

⑯ 福吉（Fudge）在《对抗波西米亚异端的十字军》一节第130页的注释中称，1421年5月，杰式卡征服了利托梅日采附近狄布辛镇（Tiebusin）山顶的小型木质堡垒。这座堡垒原属于条顿骑士团。他将这座堡垒命名为“圣杯”并据为己有。

⑰ 这里说的肯定是安东尼·德·欧比松，也就是蒙泰奥勒维孔特（Monteil-le-Vicomte）的领主。

词汇表

Bull(通谕) 教皇或皇帝递送的正式文件,带有罗马教皇或神圣罗马帝国的印章。

Caliph(哈里发) 穆斯林领袖,掌控民事和宗教事务。最初的哈里发是先知穆罕默德的继承者。到了 11 世纪,伊斯兰世界有两位哈里发:巴格达的逊尼派哈里发和埃及开罗的什叶派法蒂玛哈里发。开罗的法蒂玛王朝结束于 1171 年。1258 年,蒙古人洗劫了巴格达并杀死了哈里发。不久之后,马穆鲁克苏丹巴拜尔在开罗任命了一个逊尼派哈里发。

Cathars(卡特里派) 一个持有二元论信仰的宗教派别,“二元论”意指信徒们信仰两个对立的神:一位是光明的善神,一位是黑暗的恶神。他们相信善神创造了精神世界,恶神创造了物质世界。“卡特里派中的温和派”与基督教很相似,不过他们相信撒旦是恶神,而“圣三一”是善神。更极端的卡特里派实际上是一类新宗教。

Catholic(大公教会基督徒) 参见“拉丁基督徒”(Latin Christians)。

Christian Orthodox(基督教东正教会) 参见“东正教会”(Orthodox)。

Cistercian Order(熙笃会) 成立于 1098 年法兰西中东部西多地区的天主教修会,特征是提倡“返璞归真”的修士生活。它的成员过着脱离社会的简朴的基督徒生活。

Crusade indulgence［十字军特赦(赎罪券)］ 参见“特赦”(Indulgence)。

Crusader states(十字军诸国) 十字军在地中海东部区域建立的领地。大多数住在那里的人不是十字军,而是当地人或从欧洲迁居来的移民。

Emir(埃米尔) 这个头衔最初的意思仅是“统帅”,后来用以指称一个独立的穆斯林统治者。

Empire, western(西方帝国) 从理论上说,指的是在6世纪瓦解的西罗马帝国上“重建”的帝国。至11世纪,它包括了现在的德国、低地国家、阿尔卑斯山区和意大利北部。帝国的皇帝经由某些德意志王公和贵族选举产生,并由教皇加冕。后来被称为“神圣罗马帝国”。

Franks(法兰克人) 参见“巴勒斯坦的法兰克人”(Palestinian Franks)。

Great Schism(教会大分裂) 1348—1417年间,西方基督教世界出现多位教皇并立的局面。1378—1409年,两位教皇并立,一位在阿维尼翁,一位在罗马;1409—1415年,在比萨又多了一位教皇。这些教皇为宗教上的至高权威而竞争,西方基督教世界的统治者只支持有利于自己的那一位。这场争端导致了“会议至上运动”的兴起,在这场运动中,教会会议——例如康士坦斯大公会议和巴塞尔大公会议——尝试对教会进行改革。

Hanseatic League(汉萨同盟) 德意志北部商业城镇组成的商业联盟,成立于13世纪,旨在保护他们在波罗的海地区和北海的商业贸易。该联盟在许多城市设有基地,包括诺夫哥罗德和伦敦。在中世纪晚期，它拥有了自己的陆军与海军。到了 16 世纪，随着主要贸易路线转移到大西洋，以及新大陆贸易的发展，它开始衰落，但直到 19 世纪，依然以一种精简化的形式存在。

Heretic（异端） 某种顽固地持有与官方宗教团体规定不一致信仰的宗教信徒，并对权威具有冒犯性。在中世纪的欧洲，异端受到打击迫害，因为他们威胁到了教会和君主的权威。还有一些异端威胁到了社会稳定；例如，在效忠誓言是社会重要约束力的时期，他们拒绝宣誓效忠。

Holy Land（圣地） 基督教术语，用以指代基督耶稣居住和传教的巴勒斯坦地区。

Holy War（“圣战”） 为宗教目的而进行的战争，以上帝或神祇之名开战。

Indulgence（特赦） 本书使用该词意指免除某人因原罪或过错而受到的惩罚。在十字军特赦这个事例中，那些参加十字军的人可以免除之前向神父坦白和忏悔之罪。尽管他们在十字军中所受的苦难实际上可能不足以弥补罪过，但从理论上看，大公教会从过去圣徒的善行中积累了足够的功绩，可以弥补十字军在功业上的不足。

Latin Christians（拉丁基督徒） 意指大公教会基督徒，他们的主要宗教作品用拉丁文写成。他们的宗教领袖是教皇，从传统上看，他的圣座设在罗马。

Latin kingdom of Jerusalem（耶路撒冷拉丁王国） 在占领耶路撒冷之后，于 1099 年由十字军在巴勒斯坦建立的王国。它的首都最初在耶路撒冷，直至 1187 年该城被萨拉丁攻占。自 1191 年起，王国的首都移至阿卡。

Latin states（拉丁诸国） 在东方，由巴勒斯坦的法兰克人统治的领土，包括耶路撒冷王国、安条克公国、埃德萨和的黎波里伯国，以及塞浦路斯王国。

Legate（特使） 官方代表、代理人或大使。

Levant, the（黎凡特） 位于地中海东部地区。

Mamluks（马穆鲁克人） 该词最初意指“奴隶”。在1250年夺取了埃及政权的马穆鲁克人是精锐战士，是苏丹的奴隶近卫军。1250—1257年，他们控制了埃及的苏丹；1257年，马穆鲁克人忽秃思自己登上了权力宝座。至1517年，马穆鲁克政权统治着埃及和中东的大部分地区。

Military religious order（军事宗教修会） 经教会权威批准设立的，具有日常生活守则的拉丁基督宗教团体，其成员要发誓协助保护基督教徒和基督教领土。他们立下贫穷、守贞和顺从这三条修道士的誓言，并穿着宗教服饰，但与修道士不同的是，他们在宗教生活过程中可以四处旅行。这些修会的成员中有部分是战士，他们组成军队与袭击基督徒的敌人作战；而其他成员则提供保障，比如仆从、女性（向战士提供祈祷方面的支持）和神父。最著名的军事修会是圣殿骑士团、耶路撒冷圣约翰医院骑士团和条顿骑士团。

Mongols（蒙古人） 来自东北亚的游牧民族骑兵。他们现在主要生活在蒙古。

Orthodox（东正教会） 严格来说，是指“符合教义的”；换句话说，一个好的基督徒就应该是正统的。东正教会是基督教会的分支，其中包括几个独立的教会，所有这些教会都承认君士坦丁堡牧首具有特殊的精神权威。然而，与拉丁或天主教会的教皇不同，牧首并不被视为拥有精神上的至高无上性。东正教会与天主教会在教义上有许多不同。对于外界观察者来说，最明显的区别是崇拜圣像在东正教会中的重要性；东正教会的神职人员可以结婚，而天主教会的则不能；以及东正教会不接受天主教会关于炼狱的教义。

Palestinian Franks（巴勒斯坦的法兰克人） 1099年以后在中东定居的西欧基督徒。第一次十字军东征中的大多数人来自法兰西或德意志西部，在历史上，法兰克人——日耳曼民族的一支曾定居于此区域。因此，十字军和定居者最初称他们自己为法兰克人，穆斯林也称他们为法兰克人，而为了方便，历史学家们称他们为巴勒斯坦的法兰克人。

Parias（帕里亚斯） 一种贡物。安达卢斯的伊斯兰小国的国王定期向西班牙北部的基督教统治者支付的货币。

Penance（补赎） 采取行动来补偿那些违背上帝的意志所犯下的错或罪行。圆满的补赎可以抹去对罪恶的惩罚。

Pilgrimage（朝圣） 为了补赎的目的前往圣地的旅程，通常十分艰辛。

Schismatic（分裂教会者） 因宗教信仰不同而脱离教会的人。在中世纪，天主教会基督徒将东正教会基督徒视为分裂教会者。另请参见“教会大分裂”(Great Schism)。

Shiites（什叶派） 穆斯林派别。与逊尼派的不同在于，他们不承认《古兰经》之外的伊斯兰教义，他们相信阿里——先知穆罕默德的女儿法蒂玛的丈夫，是穆罕默德真正的继承人。

Sunnis（逊尼派） 伊斯兰教的分支，穆斯林中的多数派。与什叶派不同的是，他们接受《圣训》——没有收录在《古兰经》中的基于穆罕默德话语的教义集，并认可前四任哈里发是穆罕默德的真正继承人。

Visigoths（西哥特人） 一个日耳曼部落，在罗马帝国早期进入黑海地区。4 世纪,他们被匈奴驱逐,进入罗马帝国避难。378 年,他们在阿德里安堡之战中击败了东罗马帝国的军队,但随后被吸纳进帝国,充当雇佣军。他们为西罗马帝国的斯提里科(Stilicho)将军所用,但斯提里科倒台后,罗马元老院拒绝向他们支付报酬,于是,他们在 410 年洗劫了罗马。后来他们又被帝国雇用,以对抗其他危险的哥特部落,比如汪达尔人和阿兰人。418 年,他们定居在法国西南部的阿基坦,在那里他们继续为皇帝提供军事服务,以换取土地。456 年,他们进入伊比利亚半岛,攻击另一个日耳曼部落——苏维汇人。他们征服了半岛,建立了自己的政权。基于西哥特人可以阻止汪达尔人入侵意大利,在意大利残存的帝国当局认可了这个政权。

Vizier(维齐尔) 伊斯兰国家的首席宫廷官员,相当于西欧国家的首相。

图书在版编目(CIP)数据

十字军运动 / (英) 海伦·尼科尔森著 ; 赵凯译
.— 上海 : 上海社会科学院出版社, 2022
书名原文 : The Crusades
ISBN 978-7-5520-3669-5

Ⅰ.①十… Ⅱ.①海… ②赵… Ⅲ.①十字军东侵—史料 Ⅳ.①K560.6

中国版本图书馆 CIP 数据核字(2021)第 172146 号

十字军运动

著　　者: [英] 海伦·尼科尔森
译　　者: 赵　凯
责任编辑: 张　晶
封面设计: 周清华
出版发行: 上海社会科学院出版社
　　　　　上海顺昌路 622 号　邮编 200025
　　　　　电话总机 021-63315947　销售热线 021-53063735
　　　　　http://www.sassp.cn　E-mail: sassp@sassp.cn
排　　版: 南京展望文化发展有限公司
印　　刷: 上海盛通时代印刷有限公司
开　　本: 890 毫米×1240 毫米　1/32
印　　张: 7.625
字　　数: 175 千
版　　次: 2022 年 1 月第 1 版　　2022 年 1 月第 1 次印刷

ISBN 978-7-5520-3669-5/K·629　　定价: 48.00 元
审图号: GS(2021)8078 号
